感情の記憶

朝日大学学長　大友 克之

岐阜新聞「夕閑帳」コラム集

感情の記憶
Many journeys, many thanks

『感情の記憶』発刊に寄せて　・・・　P6

プロローグ　・・・　P10

2011年
メッセージ ‥ P16　/　3本の滑走路 ‥ P17　/　沖縄の基地問題 ‥ P18
世界一危険な基地 ‥ P19　/　スポーツを学問する ‥ P20
辺野古を訪ねて ‥ P21

2012年
アメとムチの構図 ‥ P24　/　巨星墜つ ‥ P25　/　チーム医療 ‥ P26
極東最大の空軍基地 ‥ P27　/　卒業式 ‥ P28　/　基地外住宅 ‥ P29
学長告辞 ‥ P30　/　サムライ、海を渡る ‥ P34
お医者さんいますか? ‥ P35　/　夢の実現へ ‥ P36　/　植田JAPAN ‥ P37
鉄人 ‥ P38　/　地下鉄で爆発事故? ‥ P39　/　日本の大動脈を走る ‥ P40
災害に備える ‥ P41　/　こんな場所でも? ‥ P42
フェンシング王国岐阜から ‥ P43　/　ユーロスターの旅 ‥ P44
トップマネジメント ‥ P45　/　瀬戸内海に臨む海城へ ‥ P46
興奮、そして感動をつなぐ ‥ P47　/　千三百年の時を超えて ‥ P48
歴史から学ぶ ‥ P49　/　足尾、水俣、そして福島 ‥ P50
プリンス・ショウ ‥ P51

2013年
高速鉄道 ‥ P54　/　衆院選を振り返る ‥ P55　/　屋良朝苗日誌 ‥ P56
沖縄返還と密約 ‥ P57　/　他策ナカリシヲ信ゼムト欲ス ‥ P58
PM2.5 ‥ P62　/　金色のピアス ‥ P63　/　古豪復活 ‥ P64

火‥P65　/　拉致問題を考える‥P66　/　苦海浄土‥P67
共同体意識‥P68　/　カードに気をつけて‥P69　/　地湧菩薩‥P70
なぜ沖縄だけが?‥P71　/　国を守るということ‥P72
正解のない問題‥P73　/　サザンオールスターズ‥P74
大病を乗り越えて‥P75　/　国体が残したもの‥P76　/　時‥P77
あなたもくるくる?‥P78　/　琉球処分‥P79

2014年

ふるさと‥P82　/　大学ラグビー‥P83　/　感染症にご注意を‥P84
足尾から来た女‥P85　/　贈る言葉‥P86　/　春の皇居‥P87
スマホの時代‥P88　/　沖縄からの問い‥P89　/　夏の訪れ‥P90
オスプレイ‥P91　/　その先に‥P92　/　Gゼロの世界‥P93
沖縄の負担‥P94　/　アートを巡る旅路‥P95
建国65周年を迎えて‥P96　/　情報化社会の光と影‥P97
水俣・岐阜展‥P98　/　水俣病-被害者は語る‥P99
Cape of Good Hope‥P100　/　グルメの旅-南アフリカ‥P101

2015年

戦後70年という節目に‥P104　/　センター試験を終えて‥P105
新たな空間の創造‥P106　/　住民投票‥P107
フェンスとフロート‥P108　/　メルケル首相‥P116
8年目の挑戦‥P117　/　グラバー園を歩く‥P118
うりずんの雨‥P119　/　春の風‥P120　/　智将眞鍋政義‥P121
あの頃へ‥P122　/　歴史的勝利‥P123　/　久しぶりの訪米‥P124
グレーター・チャイナ‥P125　/　泡盛とともに‥P126

感情の記憶
Many journeys, many thanks

2016年
高大接続改革‥P130　/　スポーツ雑感‥P131　/　入学式‥P132
経済優先のDNA‥P133　/　繰り返される事件事故‥P134
死刑を考える‥P135　/　ひょうちゃん‥P136
益城町からのメッセージ‥P137　/　終戦記念日‥P138
リオ五輪雑感‥P139　/　金藤選手凱旋‥P140　/　がんとの闘い‥P141
若さ‥P142　/　進む国際化‥P143　/　スピッツ‥P144

2017年
新しい米国の姿‥P148　/　ひろみちお兄さん‥P149
春風とともに‥P150　/　築地市場‥P151　/　大田昌秀氏に捧ぐ‥P152
米国航空事情‥P154　/　がんと闘う‥P155　/　北京事情‥P156
夕刊の終幕にむけて‥P157

朝日大学主催「秋の公開講座」と大学広報　…　P158

エピローグ　…　P180

『感情の記憶』発刊に寄せて

株式会社 紀伊國屋書店
代表取締役会長 兼 社長　高井 昌史

　紀伊國屋書店は、日本国内のみにとどまらず、アメリカ・東南アジア・中東中心に100を超える店舗と40弱の営業拠点をグローバルに展開している書店です。その売上は、海外法人、子会社を含めて1,221億円となり、世界の学術分野、文化に貢献してきたと自負しております。世間にはあまり知られていないと思いますが、この総売上高のうち、国内店舗の売上は50％あまりで、大学など高等教育機関や企業を対象に営業している外商部門の売上が40％を占めています。

　残念ながら、ご縁がなく、岐阜県には店舗を構えておりませんが、大学を中心に外商ではたいへんお世話になっており、とりわけ、大友学長が率いる朝日大学様には多くのお取引をいただいております。

　なぜ、私が朝日大学学長の著書の推薦のことばを書かせていただくことになったかといえば、このお取引関係によるところもありましょうが、大友先生とは東京の成蹊学園の同窓で、年は離れていますが、いつも高等教育や出版書店業界などについて忌憚なく意見を交換さ

せていただいてきた仲間として、先生にお認めいただいたからではないかと存じます。

　2015年には、本書で紹介されている朝日大学の「秋の公開講座」で、親交の深い角川春樹さんとともに講演をし、その後、先生を交えてのパネルディスカッションに参加する機会もいただきました。この公開講座の企画もそうですが、大友先生の常にさまざまなことに対して前向きに、意欲的に取り組まれ、行動される姿には、尊敬できるリーダーという思いを強く抱いています。

　その先生が書かれた本とはどのような内容だろうと楽しみにして、刊行前のゲラを拝読いたしました。以前に岐阜新聞で連載されているコラムの一部は読ませていただいてきましたが、読了後に改めて先生の優れた人間力に感服しました。大友先生は、整形外科を専門とされるお医者様です。それだけでも十分な知識と能力をお持ちだと拝察できるのですが、本書は、高度な専門領域に偏ることなく、国際情勢から資源・エネルギー問題、スポーツ、文化に至るまで幅広い分野が取り上げられ、コラムの一本一本に、好奇心旺盛で問題意識の高い先生の知性がきらめいています。

　成蹊小学校時代の日記教育で鍛えられた文章力は確かなもので、本書は読み出すと止まらない面白さがあります。国内だけでなく、世界を股にかけて活躍される先生は、とてもお忙しいはずで、よくこれだけの分量の文章を産み出すことができるものだと感心しており

ましたが、小学校の恩師と昨年末にお亡くなりになられたお母さまに支えられた日記の習慣のおかげだと知り、読み書きという基礎の大切さを再確認させてももらいました。

このようなバラエティ豊かなコラムの数々の中でも、特に胸を打たれるのは、沖縄・水俣・福島の痛みに共感し、そこに暮らす人々に向けられる大友先生のあたたかなまなざしです。

本書の最後の方にある文章を引用します。この大友学長のことばに、先生のまなざしの底にある人間性を感じました。

「…自分の原点は医師である。そういった意味で、原点回帰として『身体的弱者、社会的弱者に光を当てる』ことを意識し、『思考停止』に陥ることなく、故(ふる)きを温(たず)ねつつも常に新しい情報を収集し、自分と違った意見に耳を傾け、さらに考えることを止めない。そして教育者として発信し続ける。コラムの執筆を通じて、いつしか自らのスタイルを確立した。」

42歳という異例の若さで学長に就任し、持ち前のバイタリティを発揮して、朝日大学の知名度を急上昇させた大友先生には、2021年に控える朝日大学の創立50周年を見据え、岐阜県という地元にがっちりと根を下ろしながら、そのリーダーシップを遺憾なく発揮し、日本の高等教育における牽引役を末永く務めていただきたいと期待しております。

プロローグ

　朝日大学は、岐阜県の県都岐阜市に隣接するベッドタウン瑞穂市にある、歯科大学をルーツとした総合大学で、2019年で創立48年を迎えた。少子化という逆境の中、地方の中規模大学として、新しい視点と価値観で地域社会と共に歩みを続けている。

　朝日大学の学長職を拝命して、昨年秋満10年が過ぎた。振り返れば当時42歳。前学長の急逝を受けて、残任期間を引き継ぐ形での就任であった。東京で生まれ育ち、30歳で岐阜県に赴任した。人生で初めての地方勤務、岐阜での友人といってもすべて仕事に関連した方ばかりということもあり、学長職には何かと苦労した。

　学長企画室の田口嘉彦課長のアドバイスもあって学長就任後の初仕事は、岐阜県内の高等学校を訪れ、学校長への挨拶回りであった。県立高校については、その前年に岐阜県立岐阜商業高等学校長を定年退官され、本学に赴任していただいた「ミスター県岐商」こと小川信幸先生に、私立高校については2008年に私立大垣日本大学高等学校長を定年退職され、同様に本学に赴任していただいた「バレーボールの丸さん」こと丸山和美先生に、それぞれご同行いただいた。

　一回り以上歳の若い学長の訪問に、校長先生方は一様に表情を曇らせ、「朝日大学は大丈夫かなぁ…」と感じられたのではないだろ

うか。いや、私自身も一校一校と回るごとに気が重くなり、あらためて医学界とは違った意味での教育界の年功序列に基づくヒエラルキーのようなものを身にしみて感じた。私の感情の揺れをすぐに感じ取られたのか、同行された両先生は帰路の車中でも都度、温かい言葉をかけて下さった。どんな結果であっても挨拶に回らないよりは、回った方が、数倍良かったということを。いつしか「若輩者ではございますが」という前置きが口癖となった。

　朝日大学は、1971年に岐阜歯科大学として創立され、1985年の経営学部の新設を機に学校名を変更し、1987年には法学部を設置した。第二次ベビーブームに乗って学生数は増加の一途を辿ったが、18歳人口の減少の波を早期にかぶることになり、2000年を越える頃には特に法学部、経営学部において学生募集に難渋していた。さまざまな改革を行ったものの、その後も苦戦を強いられ、私の学長就任時の喫緊の課題は、いかに高校生にとって学びたいと思えるような魅力的な大学にしていくか、であった。学内では「カリキュラムの見直し」、「教育手法の改善」、「教育の質の評価」など難解な会議が続いたが、若輩者が「リーダーシップを発揮して」などといった大それたものではなく、「この地域において、どうやって朝日大学の知名度を高めるか？」という自問自答を繰り返した結果、出した答えの一つは、私自身が朝日大学の営業担当として「大学を、そして自らを発信し続けること」であった。

　学長職に就任して3年が経とうとした頃、岐阜新聞社の裁成人氏

が私にチャンスをくれた。「岐阜新聞の夕刊に『夕閑帳』というコラム欄があります。550文字程度のものです。月に2本程度、いや、ご自分のペースで結構です。出来上がったらメールで送ってください」と。名古屋駅から新横浜駅までの新幹線の中が私の書斎と化した。片道およそ1時間20分。原稿用紙で1枚半ほどのコラムを書くにはちょうど良い時間であった。1編、また1編と新聞に掲載されると、しばらく連絡が途絶えていた方から「夕刊のコラム、読みましたよ」といったメールが届いたり、柳ヶ瀬で飲んだ後に立ち寄ったラーメン屋のご主人から「今回はスポーツネタでしたね」と声をかけていただくようになり、あらためて新聞の力を再認識するとともに、このコラムは自分の日記ではないだろうか、と思えるようになった。

　成蹊小学校の恩師、故亀村五郎先生より受けた日記教育のおかげで、私にとって日々の生活の中で感じたこと、気づいたこと、心を震わせたことを文字にすることはそれほど苦ではなかった。「日記といっても毎日書く必要はない。朝七時に起きて、顔を洗って、朝食を食べて、歯を磨いて、家を出た、などという日記は書かなくてよい」、「一週間に二つでも、三つでも。心に残ったことを中心に書くように」と。これらを「心のひだ」と教わった。

　およそ6年間にわたって岐阜新聞に掲載された100編超のコラムは、身近な話題から医療、教育、そして政治、経済、社会問題まで。すべて自分の目で見て、耳で聞いて、心に感じたことを書き留めてきた。今回、同新聞社の勧めで、これらを1冊の本にまとめる

機会を得た。

　人間の記憶には、楽しかったこと、悲しかったこと、美味しかったもの等、何らかの感情を伴った事象は記憶されやすいという特徴がある。読者の皆さんも、三日前のお昼に何を食べたか忘れてしまっていても、一年前の誕生日に行ったレストランのメニュー、あるいは飲んだワイン、もらったプレゼントなどは覚えている、という方も少なくないのでは。あらためてコラムを読み直し、本書のタイトルを『感情の記憶』とした。そう、これは私の記憶の数々である。

　夕刊掲載のコラムということで、おそらく夕方から就寝前までに読まれることを想定して、諸問題を提起し、筆者のオピニオンをあまり押しつけず、あえて読み手に対して投げかける形になっていることを、どうかご理解いただきたい。

　それでは、しばしの間、おつきあいください。

平成最後の正月　伊奈波神社にて

2011年

メッセージ

2011年10月14日（金）

　1、2年生を対象にした就職指導の一環として、イビデン株式会社の岩田義文会長をお招きし「会社人生を振り返って」と題するご講演をいただいた。1912（大正元）年、揖斐川電力株式会社として創立されて以来、電子、セラミック、建材事業など常に発展を続ける企業のトップの登壇に、500人を超える学生のまなざしが一変した。

　創立99年の歴史を振り返り、創立当時の明治の諸先輩の「すごさ」を紹介され、時代とともに企業変革をなす精神の中心には常に「人がいた」と。会社組織の中で伸びる人は与えられたテーマ・目標から逃げない人、そして論理的思考のできる人だとし、若き学徒へ向けて基本の習得と読書の大切さを語りかけた。また、競争的環境にある中国、韓国については、日本の若者と比較し、目の輝きが違うとのきびしいご指摘。

　世界が人口増加を続け新興国が台頭する中で、限られた国土と資源、そして人口減少の局面を迎えたわが国が、その活躍の場を海外へ積極的に求めていくというグローバル企業の会長の熱いメッセージに、学長として高等教育の果たすべき役割をあらためて認識した。

イビデン株式会社
岩田義文会長

イビデン株式会社
実業家・立川勇次郎氏を初代社長に迎えて、1912年（大正元年）「揖斐川電力株式会社」として創業。岐阜県大垣市に本社を置く。「人と地球環境を大切にし、革新的な技術で、豊かな社会の発展に貢献」することを企業理念に掲げる。2019年3月末現在資本金64,152百万円、従業員数18,243名。

3本の滑走路

2011年10月31日(月)

　この夏、沖縄県伊江島を訪れた。県内有数のダイビングスポットだが目的は島の面積の3分の1を占める米軍基地を見ることだった。フェリーで約30分、美ら海水族館を背にしながらの移動である。

　島のシンボルである城山へ上がると眼下には3本の滑走路が広がる。手前が伊江島空港。西端が海兵隊基地。真ん中の滑走路は使用されていないが有事の際には使用可能だという。ここでハリアー機の発着訓練やパラシュート降下訓練が行われる。「軍官民共生共死の一体化」の下、住民を巻き込んだ「伊江島の戦い」は沖縄戦の縮図と言われ、占領後は本土出撃基地の重要拠点と化した。終戦後まもなく「銃剣とブルドーザー」による米軍の土地収用が行われたが、住民の非暴力闘争の結果、5回にわたる部分的返還がなされた。

　反戦平和資料館「ヌチドゥタカラの家」の謝花悦子館長は「伊江島の土地闘争は復帰運動の原点。命続く限り闘い続ける」と。岐阜から来たことを告げると車椅子の老女は私の手を握りしめた。内地では普天間基地移設の文字ばかりが躍るが、サトウキビ畑が広がるこの美しい島にも基地問題という現実がある。

謝花悦子氏と筆者長男

伊江島の真ん中の滑走路

沖縄の基地問題

2011年11月7日（月）

　普天間基地問題を読者諸氏はどのように見ているだろうか。毎年50人を超える沖縄県出身の学生を迎え入れている大学のトップとして「沖縄を知ること」を始めたのは数年前のことだった。

　国土面積の0.6％にすぎない島々に在日米軍施設の74％が集中し、県全体では20の空域、28の水域が米軍の管理下にある。昨年3月の「嘉手納ラプコン」返還までは沖縄の玄関口である那覇空港に近づくと民間航空機はぐっと高度を下げる。空港の20キロ圏内に普天間、嘉手納基地があり双方の安全を確保するため、嘉手納基地の管制下で民間機は米軍機よりも下を飛ぶことを強いられていた。「めんそーれ沖縄」と書かれた空港に降り立ち、南方特有の青い海と明るい太陽、むっとする湿気、ゆったりとした長閑（のどか）な空気に包まれると気分は観光一色に。しかし、その那覇空港は今も軍民共用空港になっている。

　1972（昭和47）年の本土復帰後も広大な米軍基地は残り、騒音問題や墜落事故、米兵との間での悲しい事件・事故が絶えない。空も海も陸も支配されている沖縄県民にとって米軍基地の整理縮小は共通の願いと言える。

ラプコン（RAPCON）
離陸後の上昇飛行、又は着陸のための降下飛行を行う航空機に対して、レーダーを使用して行う管制業務のことで、Radar Approach Controlの略。2010年3月国土交通省は、日米合同委員会において、現在米軍が嘉手納ラプコンにおいて実施している進入管制業務の移管に関して3月末日をもって沖縄本島上空及び周辺の進入管制業務を米国から日本国に移管することが日米両政府間で合意された、と発表した。しかしながら今もなお、横田（東京）では在日米軍による訓練空域の制限が1都8県に及んでいる。

世界一危険な基地

2011年11月25日(金)

　普天間基地を見るなら、宜野湾市の嘉数高台公園がよい。1945 (昭和20) 年4月8日、米軍が西海岸の牧港からここ嘉数を結ぶ強固な日本軍陣地にさしかかると、これまで沈黙していた日本軍が猛烈な反撃を開始。特に嘉数高地や前田高地 (浦添市) での戦闘は激しく、40日に及ぶ一進一退の攻防の末、日本軍は玉砕した。

　そんな公園内の展望台に立つと、眼下には新聞やテレビで見慣れた長さ2800メートルの滑走路が広がる。タイミングが合えば爆音とともに離発着する米軍機を見ることができる。ときのラムズフェルド国防長官は宜野湾市上空から基地と住宅とが隣接しているのを見て「こんな危険な飛行場で事故が起こらないほうが不思議だ」と言ったという。

　米国防長官が危険性を認める基地の南側とフェンス一枚で隣り合う普天間第二小学校を訪問して、知念春美校長に話を聞いた。「繰り返される海兵隊のタッチアンドゴー訓練にはむしろ内地から来た方のほうが驚いています。日常的に危険にさらされており、毎年6月には米軍機の墜落を想定した全校避難訓練を行っています」と。2機の米軍ヘリが着陸する、そのすぐ下で小学生が駆け回っている現実に胸を突かれた。

普天間第二小学校
知念春美校長

嘉数高台公園から
普天間基地を望む

スポーツを学問する

2011年12月9日（金）

　早稲田大学大学院スポーツ科学研究科で平田竹男教授の授業を拝聴する機会を得た。若い大学院生から社会人まで幅広い年齢層の21人が出席。社会人といってもプロスポーツ選手やプロリーグ運営機構の役員、飲料メーカーでマーケティングを担当している方などさまざま。熱気に包まれた180分を体験した。

　近年急速に進展を遂げるトップスポーツの世界を取り巻くスポーツビジネスやエンターテインメントビジネスについて、IT産業の発展およびマネジメント手法の進化を踏まえ、それぞれの競技団体やスポーツクラブの経営課題に対する解決方法を開発する研究室で、当日のお題は「スポンサーシップとアクティベーション」。教授が与えたテーマについて学生が事前調査・研究をし、プレゼンテーションと議論を繰り返す。教授が、社会人院生からそれぞれの仕事を通じての経験や問題点を上手に引き出していたのが印象的だった。

　平田教授は元通産官僚で、官僚時代に古田肇岐阜県知事の下で汗を流された経験を持つ。ぎふ清流国体の開催まで1年を切ったが、国体後の地域スポーツ振興や生涯スポーツのあり方について、産学官の枠を超えて大いに議論すべき時が来ている。

平田ゼミの皆さんとともに

辺野古を訪ねて

2011年12月15日（木）

　普天間基地（飛行場）の移設先となった辺野古を訪れたのは昨年夏のことだった。那覇市内から車で北へ約1時間。本島中部に位置し、眼前には太平洋が広がる。ここから大浦湾一帯には「キャンプシュワブ」「辺野古弾薬庫」といった海兵隊の基地が広がり、今回の移設候補先はこれらの基地の南側にあたる。

　普天間基地を、距離的にも近い嘉手納基地へ統合する案も浮上しているが、普天間は海兵隊、嘉手納は空軍の基地であり、両者の統合は非現実的だという声も聞かれる。辺野古で移設反対の座り込みを続ける嘉陽宗義さん（90）に話を聞いた。「この海は信仰の場でもある。沖縄県はよそへ持っていけと言っているのに、なぜ押し付けるのか」

　1999（平成11）年、政府は辺野古への移設を条件に北部振興策として10年間で総額1000億円の予算措置をした。辺野古移設を争点とした名護市長選、そして鳩山元首相の発言、昨秋の沖縄県知事選を経て普天間問題は「デッドロック」にはまった。辺野古周辺にも立派な公民館や整備された道路が目につくが、「アメとムチ」を沖縄の問題だと言って黙って見ていて本当に良いのであろうか。

辺野古新基地に反対するテント村

座り込みを続ける嘉陽宗義氏

2012年

アメとムチの構図

2012年1月20日(金)

　普天間基地の移設先として辺野古の文字が連日のように躍る中、移設受け入れに挙手をしている地区があるのをご存じだろうか。辺野古からさらに60キロほど北上した沖縄本島北部の国頭村安波地区だ。

　85世帯、172人の小さな集落に2500メートルの滑走路を県道に重ねる形で計画。普天間問題の打開策を示すことで国から地域振興策を引き出し、深刻化する人口減少や遊休農地の解消につなげたいとの思いがあるという。地区の周囲には県内最大の北部訓練場が広がる。米軍はここを世界で唯一のジャングル訓練場として利用し、年間6000人の海兵隊員がコンパスと地図を手に戦闘訓練や地雷敷設、サバイバル訓練などを行っている。

　「驚き」の新聞報道を携え、昨年夏、安波地区を訪れた。集落の中心に位置する安波小学校の前に人影はなく、基地移転について誰ひとり語ってくれなかった。県関係者によれば、山を削って滑走路を確保したとしても港湾の整備は地形的に難しく、普天間クラスの基地移転は物理的に不可能だという。基地問題の根底には、わかっていてもアメに手を出す見返りの構図が存在する。

国頭村安波地区の
基地計画地周辺

安波小学校正門前にて
筆者長男

巨星墜つ

2012年2月9日(木)

　日本バレーボール協会名誉会長の松平康隆さんの訃報に接したのは年が明けた1月5日のことだった。昨年12月に行われたワールドカップ男子大会を奥さまとともに観戦されていたお姿が、まさか最期になるとは思ってもみなかった。謹んで哀悼の意を表したい。

　1965年に全日本男子チームの監督に就任され、3年後のメキシコ五輪で銀、そしてミュンヘンで金メダルへと導いた功績は読者諸氏もよくご存じのことと思う。16年ぶりに北京五輪への出場を決めた全日本男子の植田辰哉監督がコート上で大の字になって倒れ、その後客席に飛び込んで松平さんを抱きしめたシーンは記憶に新しい。「現役選手時代は本当に厳しい方でした」と語る植田さんも監督8年目を迎えたが、就任から22連敗したときにも「心配するな」と優しく声をかけていただいたという。親子ほど年の離れた私のような者にも官製はがきで必ず手書きの便りをくださり、朝日大学バレーボール部にもエールを送ってくださった。

　3年前の会食時に伺った「金メダルを取り損なったやつが銀。大きくとりそこなって銅。参加することに意義があるのはピクニックで、オリンピックではない」という強いメッセージが今も忘れられない。

松平康隆
1930年東京都生まれ。1954年から1960年まで日本代表選手(当時9人制)。1964年東京五輪で全日本男子チームのコーチを務め、銅メダルに終わった。翌年監督に就任。長身選手を集めて大型化をはかるとともに、「Aクイック」「Bクイック」「一人時間差(時間差攻撃)」など、日本式コンビネーションバレーを確立。1968年のメキシコ五輪で銀メダル、1972年のミュンヘン五輪では金メダルを取り世界の頂点に立った。日本バレーボール協会会長、アジアバレーボール連盟会長等を歴任し、1998年にアジア初のバレーボール殿堂入り。2000年には20世紀男子最優秀監督に選ばれた。アジアバレーボール連盟終身名誉会長。
[ブリタニカ国際大百科事典より引用]

チーム医療

2012年2月15日（水）

　天皇陛下が、心臓に血液を供給する冠動脈の血管が狭くなる狭窄（きょうさく）がやや進行したとして、18日に東大病院で手術を受けられるとの報道があった。2003年に行われた前立腺がんの手術は、東大病院で国立がんセンター泌尿器科との合同チームによって行われたが、今回は順天堂大学との合同チームで行われる。過去にがんセンター、そして順天堂に在籍していた一人として、まさにベストな医療連携だと思う。

　執刀は順天堂大学の天野篤教授（56）。手術中に心臓を一時的に止めることなく心拍動下バイパス手術を行うスペシャリストであり、この技術こそ、わが国の心臓外科のお家芸とも言われている。映画「チーム・バチスタの栄光」や、テレビドラマ「医龍－チームメディカルドラゴン－」の監修を手がけたことでも知られる。

　12日夜の報道を受けて早速、天野教授に連絡した。われわれ医療者にとって患者の命の重さに差はないが、今回の手術の目的が陛下の生活の質向上と一日も早いご公務への復帰にあること、術前からご退院は2週間程度と公表されていることなど、執刀医にかかる重圧は想像を絶するものがある。教授が常々おっしゃっている「医療チームの最も良いパフォーマンスを出す延長線上に患者さんがいれば、必ず良い結果が出せるものと思う」という言葉を信じて、本手術の成功を心よりお祈りしたい。

朝日大学公開講座で講演する天野篤教授

2016年からは順天堂医院院長を務め多忙を極める

極東最大の空軍基地

2012年2月20日（月）

　昨夏、沖縄の米軍嘉手納基地内を見学する機会を得た。普天間基地の見学を希望していたが、ご存じのような状況下で日本人の立ち入りが制限されたため、嘉手納基地での仕事に従事されている本学学生のお父様に同伴していただいた。

　まずはゲートで厳しい身分チェックを受けた。その場で撮られた顔写真の入った許可証を手渡され、構内での写真撮影禁止を言い渡された。広大な敷地の中心には3700メートルの滑走路が2本、これは成田や関西国際空港と比較しても日本最大級の規模といえる。軍用施設だけでなく住宅や保育所、小学校から大学まで、各種レストラン、大型スーパー、映画館やボーリング場、そしてゴルフ場まで完備され、整備された道路、良く管理された芝や植栽の中に立つと、しばし沖縄にいることを忘れる。2009（平成21）年度約9000人の地主に対して年間約260億円の賃借料が支払われた。

　基地の北側には、遮音壁に隣接して「安保の丘」と呼ばれる基地内を一望できる小高い丘がある。目の前の道の駅「かでな」には基地に関する学習展示室も併設されている。沖縄を訪れた際にはぜひ展望台に上がり、爆音をまき散らしながらわが物顔で離発着する米軍機を見ていただきたい。

筆者長男の
嘉手納基地入構許可書

嘉手納基地（嘉手納飛行場）
アメリカ国外で最大と言われる空軍基地。施設面積1,985万㎡（うち国有地154万㎡、県市町有地38万㎡、私有地1,793万㎡）。2017（平成29）年3月末現在、地主数12,125名、年間賃借料288億3900万円。県道74号線をはさんで北側にはさらに嘉手納弾薬庫（2,658万㎡）が拡がる。戦後70年以上を経て、相続等の事由により地主数は増える傾向にある。

卒業式

2012年3月16日（金）

「歴史と伝統を誇るわが岐阜県立岐阜商業高等学校の校旗が入場します」。司会の紹介とともに3人の学生が入場、登壇。一糸乱れぬその行進に場内は静まりかえった。3月1日、県内多くの高等学校で卒業式が執り行われる中、岐阜市の県岐商にお招きをいただき参列した。県立59回生、凛心107回生として352人が旅立ちの日を迎えた。

担任の先生を先頭に吹奏楽に合わせて卒業生が入場。袖丈が短くなり、背中やお尻の部分がテカテカと光る学生服は彼らの3年間の成長の証しといえる。スポーツに打ち込んだ男子諸君の髪も少し伸び、その大人びた表情には自信が垣間見えた。服部哲明校長は式辞の中で、体験を志にかえてほしいと語りかけ、人間性と社会的マナーを大切にして今後も体験を通じて自分を高めてほしい、豊かな発想と心、そして忍耐力を持ち、常に感謝の気持ちを忘れないでほしいと呼びかけた。

毎年驚かされることだが、今年は高校3カ年皆勤者が182人、小学校から12カ年皆勤者が7人もいた。ここ岐阜で育ったことに誇りを持ち「不撓不屈」の精神を胸に、国際未来社会で大いに活躍することを期待したい。

基地外住宅

2012年3月23日(金)

　茶色いレンガ造りの2階建て。自家用車が2台は入る大型のガレージ。庭にはバーベキューセット。青空の下に立つバスケットゴール。三軒隣には「FOR RENT」の看板が見える。アメリカ西海岸の住宅街を彷彿とさせるが、ここも沖縄である。

　極東最大の米国空軍基地である嘉手納基地の西側、北谷町と呼ばれる地域に在日米軍人や軍属を対象とした住宅街が広がる。近隣の相場よりも1.5倍から2倍の賃料でも借り手がつく。県内には約2万5千人の軍人が駐留し、軍属とその家族を含むと4万5千人以上が暮らしている。基地内には住宅から商業施設まで完備しているが、近年若い人を中心に規則の厳しい基地内に住むことを嫌い、こういった賃貸住宅に住む人が増えているという。地元では基地の外にあるという意味と、あまりにかけ離れたその空間を揶揄して「基地外住宅」と呼ばれている。

　1945年4月1日、米軍はこの地から上陸し、旧日本軍の北飛行場(読谷)ならびに中飛行場(嘉手納・北谷)を占拠した。戦後66年が経過し、今年は沖縄返還40周年を迎える。しかし、今もなお占領は続いている。

基地外住宅が並ぶ北谷町

庭先に置かれた
バーベキューセット

学長告辞

2012年3月30日（金）

　わが朝日大学でも去る3月12日に学位記授与式を挙行した。昨年も同じ日、すなわち震災の翌日に挙行したが無事式典を終えることができたことに出席者一同で感謝したことを昨日のことのように記憶している。

　今年の年始、多くの経済界トップや学者が、この1年のわが国の課題として強烈な円高、社会保障と税の一体改革の行方、そして震災からの復興需要を挙げた。震災からほぼ1年がたった去る3月9日には日経平均株価が一時、1万円を回復し震災直前の株価に迫った。道路や港湾をはじめとしたインフラや住宅などの復旧整備が経済成長を支えた。しかし被災地へ目を向けると、いまだ約34万人の方が避難生活を強いられ、個人の生活再建はなお途上と言わざるを得ない。津波によるがれき処理も大きな問題となっている。一方、福島第一原発の管理や廃炉までの道のり、周辺地域の除染、中間貯蔵施設の設置、被災者に対する長期的な健康管理、そして脱原発から再生エネルギーの普及促進など解決すべき問題は山積している。

　日本は今後、人口と労働力の減少を特徴とする厳しい現実に直面する。しかし、常に変化に対応できる力を持つ卒業生諸君こそ、日本の明日をつくる、まさに復興から再生への「担い手」であり、それぞれの分野で大いに活躍されることを願ってやまない、と期待を込めて告辞の言葉を締めくくった。

学位記授与式に臨む筆者

卒業生たちの輝かしい前途を祈る一大イベント

2011年度
朝日大学 学位記授与式における学長告辞の全文

　本日ここに学位記授与式を迎えられました法学部、経営学部、歯学部学生の皆さん、法学研究科、経営学研究科、歯学研究科博士課程修了の大学院生の皆さん、修了証書授与式を迎えられた留学生別科日本語研修課程の皆さん、また卒業証書授与式を迎えられました歯科衛生士専門学校の皆さんに対し、朝日大学の教職員を代表して心からお祝いを申し上げます。またお子様方をこれまで物心両面で支えてこられたご両親をはじめ、ご家族、関係各位の皆様に対し心よりお祝いの言葉を申し上げますとともに、深甚なる敬意を表したいと存じます。

　本式典の挙行にあたりましては、姉妹校の明海大学より安井利一学長、地元瑞穂市より市長 堀孝正様、岐阜県歯科医師会会長 高木幹正先生、岐阜県体育協会副会長で日本耐酸壜工業株式会社代表取締役社長の堤俊彦様、岐阜県弁護士会副会長 伊藤公郎先生、岐阜県経済同友会専務理事 長縄隆様、岐阜県経営者協会事務局長・佐藤彰様、岐阜県歯科衛生士会会長・土井美由紀先生、そして本学へ卒業生をお送りいただきました高等学校からも多くの先生方にご臨席を賜りました。あわせて学校法人朝日大学 宮田侑理事長をはじめ多数の法人役員、各同窓会役員の皆様にもご臨席を賜り、心より御礼を申し上げます。

　さて、この厳粛なる式典において今一度、記憶を新たにしておかなければならない大切なことがあります。それは本学の「建学の精神」です。皆さんが入学式において初めて耳にされた『朝日大学の建学の精神』をこの学び舎を飛び立つ今、もう一度深く考えていただきたいのです。本学の建学の精神は『国際未来社会を切り開く社会性と創造性、そして人類普遍の人間的知性に富む人間を育成すること』にあります。『国際未来社会を切り開く社会性と創造性』とは、どういうことでしょうか。まずは、この

数字をご覧ください。

- 1万5854人
- 3155人
- 34万3935人
- 6万1792人
- 延べ約93万400人

　去る3月6日、そして本日朝の日本経済新聞に掲載された東日本大震災後の状況を示したもので、それぞれ死者（3月11日）、行方不明者（3月11日）、避難者（2月23日）、雇用保険受給者（2011年12月）、ボランティア（2月19日）の数となります。本学は、昨年も3月12日に学位記授与式を挙行いたしました。まさに震災の翌日でしたが、このように式典を挙行できたことに出席者一同で感謝いたしました。あれから1年が経過しましたが、私たちは復旧、復興から再生へ踏み出さなければなりません。

　先週、環境省が朝日新聞の全面広告を使い「みんなの力でがれき処理」というメッセージを発信しました。津波被害によって岩手県・宮城県に発生した膨大な災害廃棄物の量はそれぞれ通常の11年分、19年分にも達しており、もしも全国で処理ができれば3年以内で処理が可能だとし、日本全国への受け入れ協力を訴えております。

　地震、津波による直接的な被害だけでなく事故を起こした福島第一原発の管理や廃炉までの道のり、周辺地域の除染、中間貯蔵施設の設置、被災者に対する長期的な健康管理、そしてエネルギー危機など解決すべき問題が山積しています。朝日新聞社と福島放送が行った福島県民に対する世論調査によれば、復興への道筋がついていないと答えた人が92％に達しています。放射能への不安はいまなお続き、8割の方が福島に住んでいることにストレスを感じていると答えています。私も2ヵ月前に中部電力浜岡原子力発電所を見学し、この目で見てまいりましたが、国際

未来社会を切り開く『社会性』とは、こうした諸問題に対し冷静な観察力と分析能力を持ち、常に和をもって解決していくことの出来る人間性を言います。そして『創造性』とはこの人間性を基本に据え、先端的科学技術を駆使することによって解決する英知を創造できる力を言います。

　さて日本の人口動態を見てみましょう。卒業生の皆さんが生まれた頃、1990年の日本の人口ピラミッドは、いわゆるひょうたん型を呈しています。少子化が騒がれ始めたのは1989年に日本の合計特殊出生率が1.57と、1966年の丙午世代の数値を割り込んだ頃からですが、以後、この変化は長く影を落とし、わが国の社会や産業構造に影響を及ぼしています。次に、皆さんが社会の第一線で活躍しているであろうおよそ20年後、すなわち2030年の人口ピラミッドを見てみますとまず少子化の進行に気がつくと思います。国立社会保障・人口問題研究所によれば、生産年齢人口は7000万人を割り込み、高齢化率が30％を超え、2030年代には国民3人に1人が65歳以上になると予想されます。現在議論されている医療、介護や年金制度など「社会保障と税の一体改革」はその通過点と言わざるを得ず、その先にある我が国の財政再建こそ、皆さんが能動的に議論すべき問題だと言えるでしょう。

　若い皆さんには、常に変化に対応できる力があります。こういった社会構造の変化を的確にとらえ、この学び舎で得た知識や経験、友人や恩師との関係を財産とし、想定外の天災にも屈することなく、それぞれの専門領域において大いに活躍されることを願っております。朝日大学の『建学の精神』によって育まれた一員であるという自覚と自信、そして人類普遍の人間的知性と限りない勇気をもって社会へ羽ばたいてください。光り輝く皆さんは我が朝日大学の誇りであり、また朝日大学の未来そのものなのです。いくつもの輝く光に大いなる期待を託し、学長の告辞とさせていただきます。

サムライ、海を渡る

2012年4月16日（月）

　日本人の海外留学者数が減っている。そんなデータが本年1月、文部科学省から発表された。2004年の8万2945人をピークに以後減少し続けている。原因として長引く経済不況や就職活動の早期化が挙げられているが、日本国内での生活水準に満足し、国内で働ける技量さえ身に付ければよいという内向き志向も指摘されている。

　「すごい勝負がしたい」と札幌のファンの前で語ったダルビッシュ有投手（25）の米大リーグ初登板初勝利の知らせが届いた。2月に交流校であるテキサス大学の歯学部長が来岐した際に「レンジャーズと総額46億円で6年契約をした日本人投手」の話題を振ってみたが、知らないと一蹴された。5失点で6回途中降板という内容だったが、本拠地レンジャーズ・ボールパークの観客がスタンディングオベーションでダルビッシュを見送るのを見てなぜか少しほっとした。

　2009年WBCのサムライジャパンのチームメイトだったダルビッシュが投げ、イチローが打ち、同じく今年海を渡った川崎宗則選手が活躍する。人材の流出について野球評論家の張本勲氏からは「喝！」と言われそうだが、私は日本の若者の海外での活躍を大いに応援したい。

ダルビッシュ有投手　テキサスレンジャーズ入団時
写真提供：共同通信社

お医者さんいますか？

2012年4月19日(木)

　大学の卒業旅行まで海外へ行ったことがなかった。しかし、社会に出て海外へ出る機会が驚くほど増えた。移動中はとにかく寝る。そんな中、「お医者さんはいらっしゃいますか？」という放送に何度か遭遇した。

　新婚旅行で成田を飛び立ち2時間ほどたった頃だったか、ルフトハンザ航空の機内で放送が流れた。新妻の手前、知らぬふりをすると一生言われそうな気がして手を挙げた。患者は発熱した子供。不得意な小児科分野。しかもドイツ語で泣いている。私の話す英語をCA（客室乗務員）がドイツ語に通訳しながらの会話で、嫌な汗が出た。幸いドイツ人医師も同乗しており、聞けば内科医とのこと。何とか難を逃れた。

　ホーチミンから帰国するベトナム航空でも着陸まであと3時間といった頃に幼児の発熱に出合った。母子ともに英語が話せず、ベトナム人CAが通訳する英語にも苦労した。水分補給とクーリングを指示したがCAは気をきかせその母子を私の隣に移動させた。結局、関西空港まで面倒をみることになった。われわれ医療者に求められる判断は一つ。患者の緊急度合によって引き返すか、最寄りの空港に緊急着陸するか、目的地まで運んでも大丈夫か。言うのは簡単だが聴診器もレントゲンもない機内での判断はつらいものがある。しかし、「ありがとう」の一言ですべてが報われる仕事と言える。

応召義務
医師法19条は「診療に従事する医師は、診察治療の求めがあった場合には、正当な事由がなければ、これを拒んではならない。」と定めている。診療に応ずる義務、応招義務といわれる条文である。法律学上は、医師を通勤・旅行客や貨物輸送を引き受ける鉄道会社あるいは電気供給を行なう独占企業と同じ立場に置き、契約当事者の一方に契約締結を義務づけ・強制する条文の一つだと説明されている。
［畔柳達雄「医師の応召義務」（公社）日本医師会ホームページより］

夢の実現へ

2012年5月11日（金）

　スポーツ科学、医学、情報など先端的な研究の下で「この国のスポーツを強くする」という目標を掲げる国立スポーツ科学センターを表敬訪問した。ロンドンオリンピック出場を決めた中山セイラ選手（28）もこのセンターで育った。4年前、あと一歩で「北京の女神」に見放された彼女だったが、その悔しさをバネにさらに成長した。

　わが朝日大学体育会が発足し11年目を迎えた。愛知県出身の中山選手はフェンシング部1回生として、アトランタ、シドニーとオリンピック2大会連続出場の実績を持つ地元・瑞穂市出身の新井祐子総監督の門をたたいた。本学のみならず県内の多くの指導者にも支えられ、卒業後は大垣共立銀行に入行。引き続きフェンシングを続ける環境を提供していただいた。北京オリンピック銀メダリストの太田雄貴選手もこのセンターで情報・心理・トレーニングなどのサポートを受け、「ここで練習できることは自分の誇りである」と語る。

　同じく大垣共立銀行に所属し同センターで研鑽（けんさん）を積んだ中野希望選手（25）もオリンピックの切符をつかんだ。土屋嶢頭取、私と並んでもほとんど身長の変わらない2人のフェンサーがこの夏、岐阜を、いや日本を熱くしてくれるであろう。

左から土屋頭取、中山選手、中野選手、筆者

植田 JAPAN

2012年5月17日(木)

　ロンドンオリンピックを前に男子バレーボール日本代表合宿を激励した。ナショナルトレーニングセンターのバレーボール専用体育館に植田辰哉監督（47）の檄(げき)が飛ぶ。

　「難しいボールを拾ってつないで得点にする」連係プレーに時間をかける。3メートル50センチを超える高さから容赦なくスパイクが降ってくる。監督は身長1メートル96センチ。ネットをはさんで高さ約1メートルのテーブルを並べ、監督自らライトの位置に立ち、重いスパイクを打ち下ろす。長身の外国人選手を想定した練習だが、2メートル43センチのネットの上から選手たちを睨(にら)みつけるその形相は隆々たる仁王像を彷彿(ほうふつ)とさせる。

　4月30日まで約3週間の合宿を終えると次は5月6日から再び合宿に入り、6月1日に東京で始まるオリンピック最終予選へとつながっていく。4年前、16年ぶりにオリンピック出場を果たした男子バレーにとってロンドン出場は越えねばならないハードルと言える。「女子はメダル」との声も聞かれる中でナショナルトレーニングセンターの岩上安孝施設長は「集団競技は何といっても男女アベックでオリンピックへ行ってもらいたいですね」と語る。がんばれニッポン！

植田辰哉氏（中央）と、
森口祐子プロ 関谷均先生ご夫妻

植田辰哉氏
1964年香川県東かがわ市生まれ。大阪商業大学附属高等学校、大阪商業大学卒。新日本製鐵でセンタープレイヤーとして活躍。人気と実力を兼ね備えた日本代表選手として、1992年のバルセロナ五輪に主将として出場し、6位入賞に貢献した。2005年に日本代表監督に就任。低迷していた男子バレーボールを根本から見直し、厳しい指導により2008年、代表チームを16年ぶりに北京五輪へと導いた。

鉄人

2012年6月13日(水)

　「鉄人」というと何を想像されるだろうか。先輩諸氏は鉄人28号を、スポーツ好きの方は広島カープで活躍した衣笠祥雄氏を、あるいはトライアスロン競技を連想されるかもしれない。先日あの「料理の鉄人」陳建一氏 (56) とお会いした。

　1990年代に人気を博したテレビ番組で「中華の鉄人」として活躍した。俳優鹿賀丈史氏の独特の語りから始まり、指定された食材をテーマに挑戦者と鉄人がその腕前を競い合う。ある意味、日本経済の豊かさを象徴したグルメとバラエティーを融合させた草分け的番組だったと言える。ちなみに私の中での和の鉄人は道場六三郎氏、フレンチの鉄人は坂井宏行氏である。陳建一氏とは、長男の建太郎氏(33)が本場の料理を勉強するため単身、四川省成都へ留学した際に、朝日大学の仕事で懇意にしていた四川大学の先生を紹介したことが縁の始まりだった。その日は四川飯店の厨房で建太郎氏が作る辛い麻婆豆腐をごちそうになった。

　「料理を作る時には常に二人の自分がいる。作る自分と、それを食べる自分が」。おもてなしの心を大切にする建一氏らしい言葉で、それは常に患者の身になって考えねばならないわれわれ医療者にも通じる。それにしてもゴルフを愛し、今は「きゃりーぱみゅぱみゅ」と「ワイルドだろ？」がマイブームだという鉄人は、健在である。

赤坂四川飯店で麻婆豆腐を披露する
陳建太郎氏

地下鉄で爆発事故？

2012年6月22日（金）

　そのとき私は東京築地の国立がんセンターの放射線科窓口で患者を待っていた。前夜からの研究整理が長引き、医局に泊まり込んで翌朝の検査に備えた。いつもなら20分ほど前には患者が並ぶのに、その日は午前8時を過ぎてもまばらであった。地下鉄内で爆発事故があったらしい、第1報は患者から聞いた。窓の外からヘリコプターの爆音が聞こえてくる。向かいの全国紙本社ビルでまたトラブルでも起こったのだろうか、などと思いを巡らせながら医局に戻りテレビをつけた。1995年3月20日、世界を震かんさせた地下鉄サリン事件の幕開けだった。

　そのとき私も外来診察室へ呼ばれた。日比谷線内で散布された猛毒のサリンによって築地駅には被害者があふれた。その多くが最寄りの聖路加国際病院に搬送されたが、一部の軽症患者が当センターにも回ってきた。がん専門医が並ぶ中、救急患者への対応ということでわれわれ若手医師も招集された。サリンのため瞳孔が縮み「暗い、暗い」と訴える声が印象的だった。患者の衣服についた刺激臭を吸い込み、一部の医療スタッフも気分が悪いと訴えた。

　東京での教訓は専門の研究会などを通じて海外の生物・化学兵器対策にも生かされている。あれから17年が経過して事件は新たな展開を迎えようとしている。いまだ多くの方々が後遺症を抱える無差別テロ事件を決して風化させてはならない。

写真提供：共同通信社

サリン（Sarin）
毒ガスの一種。無色・無臭の液体で、即効的に神経機能を破壊する。第二次大戦前に毒ガスのタブン・ソマンなどとともに開発された。日本では、オウム真理教が起こした1994年の松本サリン事件、1995年の東京地下鉄サリン事件において多数の死傷者を出した。これらを受けて、サリンの製造・所持等を禁止する「サリン等による人身被害の防止に関する法律」が施行された。
［デジタル大辞泉より一部引用］

日本の大動脈を走る

2012年6月30日（土）

　「コンクリートから人へ」。前回の衆議院選挙で民主党は公共事業を削減する政策転換を掲げ勝利した。本年4月14日に総工費2兆6000億円をかけた新東名高速道路が開通。2カ月を経過した6月某日、東京から岐阜へ戻る際に利用した。

　御殿場インターを過ぎると東名本線の左側にアプローチレーンが現れ新東名へと導く。東名よりも山側を走るため橋が全体の32％、トンネルが26％を占めるそうだが、急なカーブやアップダウンがほとんどなく両側も広く感じる。新静岡インターを過ぎると「トンネル連続5本」という標示が。これぞ公共工事といった立派なトンネルが続くが、内部照明が明るく特有の圧迫感も感じられずスピードの出し過ぎにはご注意を。

　全長162キロ。ご当地グルメから地元農産物直売所、ファッションまで並ぶ新しいタイプのサービスエリアなど便利さは格段に向上した。由比で海を眺め、大井川や天竜川を渡り、浜名湖を望むといった静岡県らしい自然を体感できるのが旧東名だったが、新東名からは一級河川をほとんど認識できず最後の三ケ日ジャンクションでも、みかん台地を横切りながら左手にあるはずの浜名湖を見ることなく東名本線と合流してしまう。いわゆる東海道を楽しむFUN TO DRIVE感が色あせ、昭和生まれには少々寂しい旅路となった。

災害に備える

2012年7月26日(木)

　今季、九州地方を中心に「これまでに経験したことのないような大雨」が襲った。博多に住む先輩から頂戴した便りの文頭に「昨日来、底が抜けたような豪雨に見舞われ、異常気象が多くなるような印象です」と書かれていたがその矢先の出来事であった。被害を受けられた方々に心よりお見舞いを申し上げたい。

　気象研究所によれば梅雨の末期に日本海側で降った雨の量はこの100年間で約1.5倍に増えているという。独の気候学者ケッペンは植生分布に基づき気温と降水量から区分を決定した。たしかにゲリラ豪雨や竜巻の襲来を見ていると日本も熱帯地方になったかと心配になる。100年の気候変化に地球温暖化が密接に関与しているとすれば、新エネルギー政策議論の中で化石燃料への回帰にも一石を投じることとなる。

　古来、治山治水こそ政治の原点と言われ、世界の四大文明も洪水との闘いの中で発展を遂げた。震災、原発、そして小沢新党と混迷を極めるわが国の政治を横目に「人からコンクリートへの回帰」を歓迎する向きもあろうかと思うが、今後も安心して生活を送るための持続可能な社会の構築へ向けた治水計画の策定には地域住民の参画も欠かせない。国や東京電力の「想定外」という言葉には不信感を持ったが、自然災害への備えこそ悲観的に想定し楽観的に行動することを忘れてはならない。

こんな場所でも？

2012年8月3日(金)

　仕事柄、岐阜と東京の往復も多い。「のぞみ1号」の登場にはさすがに参った。東京駅午前6時発、名古屋駅に7時36分着。朝8時半には村上記念病院での診療が可能になった。読者の中にも便利になり過ぎて日帰り出張が多くなったとお嘆きの方も少なくないであろう。

　週明け月曜日ののぞみ1号はほぼ満席で、小田原駅を過ぎる頃には乗客の9割が眠っている。その車内でまたこの放送が流れた。「お医者さんはいらっしゃいますか？」。8号車の車掌室には運転士がエビのように丸くなって苦しんでいた。尿路結石の持病があり今朝も4時の起床時から血尿が続いているという。スタッフから浜松あたりで緊急停車をした方が良いかとの判断を迫られた。

　聞けば運転士の自宅は羽島市だとか。結石による痛みとすれば救急車よりも速い乗り物に乗っており、名古屋駅まで行ってJRの病院で診てもらえばと提案。結局、名古屋駅に連絡して太閤通口側に救急車を待機させホームまで担架を用意させた。別れ際に名前だけでもと尋ねられ「名乗るほどの者ではありません」と言いたかったが、「村上記念病院の大友です」と笑顔で返した。手を振りながら急に不安になった。運転士が倒れていたのに誰があの新幹線を運転していたのだろう、と。

尿路結石
腎臓から尿道までの尿路に結石が生じる疾患。特に壮年男性と閉経後女性に高頻度にみられる。疝痛発作(突然に生じる激しい痛み)、血尿が典型的な症候。腰背部から側腹部にかけての激痛や下腹部への放散痛が生じ、夜間や早朝に起きることが多く、通常、3～4時間持続する。なお同様の疝痛発作を起こす疾患として、胆石症がある。筆者の経験では、木曽三川の恩恵を被る岐阜県民には尿路結石患者が多いように感じる。
[東京女子医科大学病院泌尿器科腎臓病総合センターホームページより一部引用]

フェンシング王国岐阜から

2012年8月17日(金)

　夢の舞台に立った。朝日大学出身で大垣共立銀行に所属する中山セイラ選手がロンドン五輪女子サーブル個人に出場した。2回戦で世界チャンピオンに敗れはしたものの、挑戦者として今季最高の試合を見せてくれた。8年越しの成果を目の当たりにして胸が熱くなった。

　会場はロンドン東部テムズ川沿いのエクセルという欧州最大級の展示場。南側には大型のドックがあり、港湾物流や造船業華やかなりし頃の面影を残す。巨大なホール内では柔道、卓球、ボクシングと重量挙げが同時に行われていた。フェンシング会場には四つのピストが東西南北に色分けされて設置され、それぞれの試合が日本製の大型モニターに映し出される。華麗な剣さばき、繊細かつ大胆なフットワーク、そしてランプが点灯するたびに雄たけびを上げながらガッツポーズをとる選手たち。それに呼応するかのように場内には歓声とため息が入り混じる。中山選手が上げた剣先はコンピューター制御されたバリライトに照らされ、まぶしく輝いていた。

　日本ではなじみの薄い競技だが、今大会での男子団体の銀メダルは強化の証しといえる。これからも世界の大舞台で活躍し得る若きスターをここ「フェンシング王国岐阜」から輩出し続けるため、地元の大学としても微力ながら尽力したい。

中山セイラ選手　朝日大学フェンシング場にて
撮影：本多智之

ユーロスターの旅

2012年9月12日(水)

　オリンピック観戦後、ロンドンからパリへ移動した。前回は大学卒業時の友人との貧乏旅行で、ヒースロー空港からドゴール空港まで航空機で移動したが、時は湾岸戦争の真っ最中。出入国審査時のセキュリティが極めて厳しかった印象がある。

　今回はユーロスターという鉄道を利用した。ロンドン北部のセントパンクラス駅を出発しパリ北部の北駅までノンストップで約2時間20分。市内中心部からそれぞれの空港までの移動を含めると、時間的にはほとんど変わらないイメージだが料金は鉄道の方が高く、パリ到着後の移動先によっては航空機を選択する人も少なくないという。セントパンクラス駅でのセキュリティチェック、出国手続きは実に簡素だった。

　さてこのユーロスター。ロンドンでの発着に2007年までは市の中心部にあるウォータールー駅を使用していた。この駅名、フランス語読みをするとワーテルローになる。1815年、フランス軍が大敗しナポレオン最後の戦いとなった「ワーテルローの戦い」を想起させるとの理由からフランス側から駅の改名を求められていたとか。パリからの客人を迎え入れるにあたり、こんなジョークを用意していたところもロンドンっ子らしい。

トップマネジメント

2012年10月4日(木)

　民間出身者として初の駐中国大使に起用された丹羽宇一郎氏がその任を終える。当時苦境にあった伊藤忠商事で社長として過去最高益を上げた手腕を、最も難しいといわれる二国間関係に生かしてほしいという要請を受けたもので、民主党政権交代後の目玉人事の一つだった。

　スポーツ団体でも企業経営者をトップに招へいする動きが見られる。日本体育協会はトヨタ自動車の張富士夫氏を、日本テニス協会は三菱東京ＵＦＪ銀行の畔柳（くろやなぎ）信雄氏を会長に迎えた。セイノーホールディングスの田口義嘉壽氏は2005年より県体育協会の会長職を務められ、ぎふ清流国体の誘致から強化選手の雇用、競技力向上まで率先して取り組まれた。これまで、指導者の集団組織ということで学校教員や過去に選手として実績を残した者を、あるいは補助金獲得という点から政治家を会長に据える団体も少なくなかったが、短期・中期の目標を明確に示して「人財」を活用する企業トップの手腕に期待は高まる。

　日本フェンシング協会もその成功事例と言える。辛子明太子で有名な「やまや」の山本秀雄会長が9年前に同協会の会長に就任した。フェンシングの普及という目標達成のため、選手への資金的サポートを充実させた。その結果、ナショナルトレーニングセンターを拠点とした長期合宿を可能にし、北京、ロンドンで見事メダルを獲得した。8月末に東京で行われた協会主催の祝勝会に参加したが、マイナースポーツのイメージを払拭し挑戦し続ける集団に、変化を恐れぬ活力を肌で感じた。

ぎふ清流国体で選手団に胴上げされる
故田口義嘉壽氏

瀬戸内海に臨む海城へ

2012年10月18日（木）

　この夏、仕事で愛媛県今治市を訪れた。人口16万は県庁所在地の松山市に次いで県内2番目の都市で、タオルと造船の町としてよく知られている。その日もあの今治西高校が甲子園を目指して県予選大会を順調に勝ち上がっていた。

　新幹線で岡山へ出て、岡山から在来線特急で約2時間10分。空路なら中部国際空港から松山空港まで約1時間。松山空港からバスと予讃線を乗り継いで約1時間。決して近いとは言えないが、2006年に今治市と本州の広島県尾道市とを結ぶ西瀬戸自動車道、通称瀬戸内しまなみ海道が正式に開通し、新幹線新尾道駅を利用することで風光明媚な芸予諸島にかかる計10本の橋を渡りながらの旅を楽しむことができる。

　必ず行きたくなるのが今治城。関ケ原の戦いでの戦功により伊予半国20万石を領した近江出身の藤堂高虎が瀬戸内海に面して築いた平城で、海水が引かれた広大な堀や港などを備えた日本屈指の海城である。高虎は後に転封され伊勢安濃津と伊賀上野の領主となり、現在の三重県津市の町づくりを行った。築城の名手とも言われ、江戸城修築の設計も担当した。伊予国の海城をぜひともご覧あれ。ちなみに管理事務所によると水路によって瀬戸内の海水を引き込んだ内堀での釣りは禁止とのこと。

今治城
吹揚城（ふきあげじょう）とも呼ばれる。高松城、中津城とならび三大海城のひとつ。慶長7年（1602）に藤堂高虎が築城を開始。寛永12年（1635）より松平（久松）氏の居城となる。明治2年（1869）の藩籍奉還にともない、松平定法が今治藩知事となり、今治城は廃城となった。明治維新後に建造物のほとんどが取り壊されたが、昭和55年（1980）以降、天守をはじめとする櫓、門などが再建された。
［今治市文化振興課今治城ホームページより引用］

興奮、そして感動をつなぐ

2012年10月25日(木)

　ゲートをくぐると一段と大きな歓声と拍手が湧き起こる。南の沖縄県からスタートした選手団の入場行進は、北海道に続いて岐阜県選手団が入場すると競技場内のボルテージは最高点に達した。

　県選手団役員として第67回国民体育大会ぎふ清流国体の総合開会式で入場行進した。昨年の山口国体でも行進したが、地元開催では意気込みも違う。役員団も田口義嘉壽団長を先頭に選手諸君に負けじと「1、2」の掛け声に合わせて「左、右」と足を出す。自分だけ足がずれていることに気付いても修正が難しい。スキップになってしまったり足と手がばらばらになったりと四苦八苦。テレビ中継を意識すると緊張はさらに高まる。それでも私の右隣で行進した県体協の柴田益孝専務理事は「開会式の入場行進は何度経験しても興奮する。競技場に入った途端に温かい声援に包まれ、ぱっと前が明るくなるようなこの感じ。でも地元は格別」と満面の笑みを浮かべる。

　県全域で熱戦が展開され、県勢は念願の天皇杯・皇后杯を手にした。私たちはここ岐阜で、今夏のロンドン五輪に出場した選手の活躍や、水泳競技では世界新記録の樹立を目の当たりにした。この興奮と感動のたすきを次の世代へとつないでいくことが国体後の大きな課題と言える。

ぎふ清流国体開会式
岐阜県選手団の入場

47年ぶりに天皇杯・皇后杯を獲得

千三百年の時を超えて

2012年11月16日（金）

　正倉院展を見に奈良国立博物館を訪れた。756年、光明皇后が聖武天皇の四十九日忌にゆかりの品々を東大寺の大仏に献納したことが正倉院の始まりで、約9千件の宝物の中から今年は64件が公開された。

　北倉に納められている木画紫檀双六局（もくがしたんのすごろくきょく）と呼ばれる双六盤や、象牙製のサイコロ、螺鈿紫檀琵琶（らでんしたんのびわ）と呼ばれるペルシャ起源の4弦楽器が当時の輝きのまま展示され、聖武天皇が国際色豊かな天平文化の中でゲームや音楽を楽しまれた様子が目に浮かぶ。ある古文書の前で私の足が止まった。「大宝二年（702）十一月御野国山方郡戸籍（みののくにやまがたぐん）」。わが国最古の戸籍の一つといわれ、御野は美濃、山方は山県とも表記され、現在の岐阜市北部から山県市高富あたりの戸籍を記したものだという。正倉院にはこのほか、現在の富加町など美濃各地の戸籍が残されている。

　巻頭部分には総人口899、男422、女463と書かれ、五百木部君木枝（いおきのべきみきえ）、穂積部牛麻呂といった戸主の名前や家族構成が記されている。五百木部君木枝は672年の壬申の乱で大海人皇子の軍につき、その功績で位階を与えられた（遠山美都男著「壬申の乱」より）。壬申の乱から30年後に編さんされた戸籍を前に、千三百年の時を超えて美濃の人々の暮らしにしばし思いを馳（は）せた。

正倉院展
正倉院は普段は非公開であるが、年に1度、奈良国立博物館で御物の特別展示が行われる。宝物には、聖武天皇遺愛の品や東大寺の法会に使用された法具など中国の珍器、ペルシャ、インドの工芸品なども含まれ、国際色、種類ともに豊かである。展示も2018年10月には第70回を数え、秋の奈良の風物詩ともいわれる。
［(公社)奈良市観光協会ホームページより引用］

歴史から学ぶ

2012年11月20日(火)

　事故を起こした福島第一原発の管理や廃炉までの道のり、被災者に対する長期的な健康管理など多くの問題が山積する中、その共通点を見いだすために、足尾銅山鉱毒事件の舞台となった栃木県を歩いた。

　明治政府の殖産興業政策の下で銅山開発は政商によって優先的に進められた。1885年足尾の産銅量が全国の5割を占め、銅輸出で得られた外貨が後の日清・日露戦争を支えた。その頃から渡良瀬川流域で魚の大量死が始まった。大雨と洪水のたびに鉱毒が下流域へと広がり、国は1907年、利根川合流地点に近い谷中村を廃村とし鉱毒もろとも遊水地化した。周囲延長30キロの遊水地に立つと誰もがその広さに驚く。鉱毒をのみ込んだこの地は本年7月、ラムサール条約湿地に登録された。

　衆議院議員として鉱毒問題と闘い続けた田中正造は1898年に「鉱毒のごとき肉眼に見えず、また顕微鏡にも見えず、分析するほか到底凡人の見るあたわざる被害なるがために、無知の被害民もかつてこの事ありとも知らず、政府の役人どももまたこの無経験問題のかなしさ」と書き残した。鉱毒も放射能も目に見えず、原発事故後も地域住民には正確な情報が伝えられず、政府も想定外と言って混乱する姿は、福島県民が無知ではなかったという点を差し引いても残念ながらよく似ている。われわれは歴史から学ぶべきである。

田中正造
1841年生まれ。1857年、生地小中村の名主となり、領主六角家の改革運動に関与。1879年『栃木新聞』創刊、民権思想・時事問題を論ずる。栃木県会議員、県会議長を経て、1890年第1回総選挙で衆議院議員に当選。以後、議会内外で一貫して足尾銅山鉱毒問題に取り組んだ。1901(明治34)年には議員を辞職し、明治天皇に直訴。1904年以降は、谷中村の遊水地化計画に対する反対運動を展開。晩年は治水事業に尽力した。
［国立国会図書館ホームページより引用］

足尾、水俣、そして福島

2012年11月30日(金)

　福島第一原発事故から約1年半が経過したが、多くの点で足尾銅山鉱毒事件、水俣病と背景が似ているという指摘がある。1885年、渡良瀬川の鮎が大量死したことで古河鉱業が運営する銅山からの鉱毒流出が明らかとなったこの事件は、わが国の公害の原点と言える。

　二つの事故、事件の共通点について菅井益郎國學院大學教授は産業優先がもたらした公害・環境汚染、行政の対応の遅れが被害を拡大させた、避難長期化で避難民が追い詰められるリスク、公害自体が長期化する点を指摘する。東日本大震災直後、足尾銅山の廃棄物堆積場から渡良瀬川に土砂が流出し環境基準値を超える鉛が検出された。事件から100年以上が経過しても、未だ下流域では鉱毒を不安視する声が聞かれる。

　水俣病患者の救済に死力を尽くし6月に他界した原田正純医師は胎児性水俣病患者への対応を含め、「水俣病は足尾の鉱毒事件と同様に百年は続く、これを負の遺産とせずに未来への遺産にしたい」と言い遺した。鉱毒に苦しむ農民たちと闘い続けた田中正造は晩年の日記にこう綴っている。「真の文明は山を荒らさず、川を荒らさず、村を破らず、人を殺さざるべし」。われわれは、今一度足を止めて文明や科学技術の果たす役割について考えてみる必要がある。

朝日大学で講演する
菅井益郎教授

プリンス・ショウ

2012年12月17日（月）

『プリンセス・トヨトミ』という小説をご存じだろうか。映画化でも話題となった。大坂夏の陣での徳川家康のやり方に不満を抱いた大阪人が秘密裏に「大阪国」をつくり、以後400年もの間、豊臣家の子孫を守り続けるというフィクションだが、さもありなんと思わせる一作である。

本土復帰から40年を迎えた今年「沖縄は差別されている」という衝撃の発表が相次いだ。5月に発表された世論調査によると沖縄への基地集中に県民の50％が「差別」だと思っているという。「構造的沖縄差別」という言葉の生みの親である新崎盛暉沖縄大名誉教授は、基地押しつけを中心とする差別的仕組みは、日米安保体制維持のために不可欠な要素であり、時の経過とともに国民の思考停止をも生んだと指摘している。

世論を背景に、沖縄県の急進派からは「日本から独立しよう」という声が上がっている。琉球王国は14世紀末から16世紀には中国皇帝の後ろ盾を受け東アジア・東南アジアの中継貿易国として繁栄した。明治新政府は最後の国王だった尚泰王（しょうたいおう）を東京に移住させて影響力の排除を図ったが、そのさまは家康が豊臣一族を一掃しようとした姿と重なる。沖縄県がプリンス・ショウを担ぎ出し、日米から独立するストーリーもありかもしれない。

尚泰王
1843年琉球王国首里生まれ。1848年、満4歳で国王に就任。明治政府は1879年、廃藩置県に伴い「琉球処分」と呼ばれる強制併合により沖縄県を設置。尚泰は首里城を退去、東京へと連行された。1901年、東京で病死。59歳であった。死後は歴代国王が眠る玉陵（沖縄県那覇市）に埋葬された。なお尚家は現在も存続している。

2013年

高速鉄道

2013年1月10日(木)

　金曜夕方の東海道新幹線に乗ると単身赴任や出張から戻るビジネスマンと出会う。ネクタイをゆるめてビールを飲む姿やパソコンを開く姿を見かけると「お疲れさまです」と声をかけたくなる。

　ロンドン五輪を視察後、ユーロスターという高速鉄道でパリへ向かった。時間的には東京・大阪間といったところ。テーブルに腕時計とスマートフォンを並べ経済紙を読む姿、タブレット端末で動画を楽しむ姿は世界共通。机上のミネラルウオーターがエビアンから富士の天然水へ、ワインが缶ビールへと置き換われば東海道新幹線と大差ない。ユーロスターの最高時速は300キロだが、小刻みな横揺れが多い点ではわが国の新幹線の勝ちだと思う。

　北京五輪に合わせて開通した高速鉄道にも乗ったが北京—天津間120キロをわずか30分で走破する。ほとんどカーブがないことが時速330キロの高速化を可能にしているというが、背景には建設に際しての立ち退きなどが容易なお国事情もある。8年前には川崎重工業の技術供与による車両が使用され、内装は日本の新幹線と見分けがつかぬほど似ていた。先月には北京と広東省広州（全長2298キロ）を結ぶ高速鉄道が開通したが、高速鉄道も国際展開の時代。安心安全な日本の新幹線をぜひとも世界へと広めてほしい。

北京—天津間を走る和諧号

衆院選を振り返る

2013年1月25日(金)

　自民党安倍政権が発足し1カ月が経った。12の政党が乱立した選挙であったが、年末からの円安株高、そして正月を越えたことで、選挙自体ずいぶん前のことだったような気がするのは筆者だけであろうか。要職に就かれた県選出の先生方にはとくに期待したいところである。

　多くのメディアが選挙戦の争点として震災復興や原発問題、日中韓FTAからTPP、そして憲法改正から東アジア近隣諸国との外交政策、国防軍なる提案まで多くの項目を取り上げた。しかし、世論調査では景気回復と雇用対策、医療・介護・年金といった社会保障問題に国民の関心事は集中していた。残念ながらこの分野に特効薬はなく、政党間に明らかな差は見えにくかった。

　右肩上がりの成長期にあったわが国の政治はある意味で利益分配の機能を有し、われわれもそれを期待していた。しかし、人口減少の局面に入りゆっくりと縮小均衡を余儀なくされる今、国民の負担増といった不利益の再配分をお願いせざるを得なくなり、政治家も夢を描きにくくなった。特効薬はない。だからこそ私のような立場からすれば、日々の健康管理をおろそかにせず、常に合併症や副作用を想定し、外科手術の前には十分な説明と同意を得ること、そして次の世代に病巣を残さない安心・安全な国づくりを願いたい。

安倍晋三総理大臣と筆者

屋良朝苗日誌

2013年2月4日（月）

　沖縄を訪れる度に足を運ぶ場所の一つに県公文書館がある。米国統治下の1968年から琉球政府第5代行政主席に就任し、72年の沖縄返還と同時に初代県知事となった屋良朝苗氏の32年間におよぶ日誌が、遺族の意向により3年前から順次公開されている。

　1972年5月15日、沖縄返還当日6ページ半におよぶ直筆の日記からは当時の興奮を感じとることができる。「今日は二時間位しか休んでいない上に長い間の緊張の連続も重なっていたので疲れも出たはずだが何のつかれもなく何の支障もなく無事に世紀の大行事を終えることが出来た」「はじめて開放された。沖縄県が生まれた喜び。沖縄の歴史の前後に只一回しかない頂点に到達し無事に乗りこえた喜びが錯綜し戦後二度目の喜びにめぐり合った」

　「終戦以来復帰を希求し且必ず実現するとの大前提に立ってその準備そなえて一仕事、一仕事を地道に計画し実践して来た。私に天はその復帰の〆くくりを完成させた。運命のめぐり合わせと云おうか、私の運命でもあり沖縄の運命でもあったのではないか」（以上原文通り引用）。返還に先立ち、1969年11月に発表された日米共同声明では1972年返還、核抜き、本土並みが示された。復帰運動の先頭に立ち、粘り強く日米両政府との交渉にあたった屋良氏の熱い思いは未だ実現に至っていない。

屋良朝苗
1902年生まれ。沖縄県読谷村出身の教師。米国統治下の沖縄で沖縄教職員会長、沖縄県祖国復帰協議会長などを務め、1968年11月の琉球政府行政主席選で「即時復帰」を掲げて当選。それまでの米国民政府任命に代わって初の公選主席となった。1972年5月15日の本土復帰と同時に沖縄県知事となり2期務めた。
［朝日新聞より引用］

屋良朝苗氏と佐藤栄作首相
写真提供：共同通信社

沖縄返還と密約

2013年2月18日（月）

　果たして秘密を墓場まで持っていけるであろうか。また持っていくことが是か非か。佐藤栄作元首相の密使を担った若泉敬氏の役割が近年、あらためて歴史の表舞台で注目されている。

　佐藤元首相は、国際政治学者であった若泉氏を通じて米国政府と交渉を重ねた結果、1969年ニクソン大統領との会談終了後、執務室横の小部屋で合意議事録にサインした。悲願の沖縄復帰と引き換えに有事の際には「核再持ち込み」を認めるという内容だが、結果的には朝鮮半島やベトナム情勢に対応するため米軍による基地の継続的な自由使用を招いた。返還後も沖縄の基地負担が軽減されなかった悔恨に苦しみ続けた若泉氏は22年間の沈黙を破り、1994年に著書『他策ナカリシヲ信ゼムト欲ス』の中で密約の存在と交渉の過程を詳細に暴露した。

　昨夏、朝日大学で講演した大田昌秀元沖縄県知事はこう振り返る。「やっぱり密約はあったんだ、という激震が沖縄に走りました。彼は国会での証言を覚悟していたが、政府は密約の存在自体を否定し、その機会すら与えなかった」。誠実な人柄だった若泉氏がなぜ、あえて密約を結んでまで一日も早い返還を実現しようとしたのか。そのすべてを、米国との交渉に臨む次の世代に伝えていかねばならない。

朝日大学で講演する
大田昌秀元沖縄県知事

大田昌秀
1925年沖縄県久米島生まれ。1945年、沖縄師範学校本科2年で鉄血勤皇師範隊の一員として沖縄守備軍に動員された。早稲田大学を卒業後、米国での研究を経て1957年より琉球大学教授として沖縄戦後史、沖縄社会の教育・研究に従事し、米軍の沖縄統治関係の公文書研究にも取り組んだ。「平和、自立、共生」を訴え、1990年より沖縄県知事を2期務めた。2001〜07年は参議院議員として沖縄・日本の平和構築のため力を尽くした。
［『こんな沖縄に誰がした』著者略歴より引用］

他策ナカリシヲ信ゼムト欲ス

2013年3月4日（月）

　1972年の沖縄返還までの交渉過程において「有事の際の沖縄への核兵器再持ち込み」の密約が日米首脳の間で交わされていたことが明らかになったが、この密約の草案を作成し、佐藤栄作首相の密使役を果たした若泉敬氏。

　1994年、自著『他策ナカリシヲ信ゼムト欲ス』のなかで両国間の密約を暴露した背景には、日米安保の重要性は認識しながらも米軍が長期に駐留し続ける間は、日本は真の独立国家とは言えないという氏の信念があった。バブル経済の中で忘れ去られていくかのような沖縄の基地問題に心を痛め、本書のあとがきに「敗戦後半世紀間の日本は戦後復興の名の下にひたすら物質金銭万能主義に走り、その結果、変わることなき鎖国心理の中でいわば『愚者の楽園』と化し、精神的、道義的、文化的に根無し草に堕してしまったのではないだろうか」と書き残している。奇しくもこの時期、アベノミクス、日米同盟の深化といった言葉が私たちの周りを駆け巡る。

　本書のタイトルは日清戦争当時に伊藤博文内閣の外務大臣として明治期外交を担った陸奥宗光の言葉を引用し「他に方法がなかったと信じたい」という若泉氏の心情を表現したものだという。難解な内容あふれる本書を読み解く一助として、NHKスペシャル取材班著『沖縄返還の代償』、具志堅勝也著『星条旗と日の丸の狭間で』の2冊をお薦めしたい。

他策ナカリシヲ信ゼムト欲ス
文藝春秋社刊

若泉敬
1930年福井県生まれ。福井師範学校から東京大学法学部にすすむ。ロンドン大学大学院、ジョンズ・ホプキンス大学客員所員などを経て、京都産業大学教授に就任。佐藤栄作首相の特使として、沖縄返還交渉にあたる。1996年7月没。
[『他策ナカリシヲ信ゼムト欲ス』著者略歴より]

若泉敬氏が『他策ナカリシヲ信ゼムト欲ス』を上梓したことに対して
当時県知事であった大田昌秀氏が若泉氏に宛てたFAX状
（故 大田昌秀 元県知事所蔵　著者が大田氏より複写を譲り受けた）

拝・啓
　　初夏の候、貴殿には益々御清栄のこととお慶び申し上げます。
　　突然に、書簡を差し上げる失礼をお許し願います。
　　私は、国立琉球大学の広報学担当の教授から１９９０年１２月に沖縄県知事に
就任し、以来１２５万県民の負託に応えるべく「平和で活力に満ち潤いのある県
づくり」を目指して、日々職務に精励しているところであります。

　　昭和４７年５月に沖縄県民はもとより、全国民の悲願であった沖縄の日本復帰
が実現してから早くも２２年目の夏を迎えました。その間、本県においては政府
による三次にわたる沖縄振興開発計画が策定され、立ち遅れた社会資本の整備を
中心に相当の成果を上げつつあります。
　　これも政府をはじめ全国民の温かい御支援の賜と深く感謝している次第であり
ます。
　　この程上梓された貴著書「他策ナカリシヲ信ゼムト欲ス」の刊行に際しての貴
殿の御労苦と御決意に対し衷心より敬意を表するものであります。
　　貴殿の著書がマスコミに取り上げられ、「有事の際の沖縄への核持ち込みと通
過を日本政府が認める秘密の合意文書」が存在するとの報道がなされたことに対
し、沖縄県民は大きな衝撃と新たな不安を抱いております。

　　貴殿が著書において、内容に関する照会、反論には応じない旨明記されてお
られることは十分に承知しております。しかし、核持ち込みに関する疑惑が存在す
ることは、復帰後２０年余を経た今なお、基地と隣合わせの生活を余儀なくされ
ている沖縄県民にとって重大かつ深刻な問題であり、私は県知事として、真相の
解明についてできる限りのことをしていきたいと考えております。

　　つきましては、たいへんお忙しいこととは思いますが、貴殿に直接お会いし、
著書に記述されておられる事柄についてお話を伺うことができれば幸いに存じま
す。
　　貴殿からの御返事を心からお待ち申しております。

敬　具

平成６年６月６日

沖縄県知事　大田昌秀

若泉　敬　殿

文面は平成６年６月６日付だが、FAXの送信記録は94年（平成６年）6月17日15:00となっている
出版元の文藝春秋社から、福井県に身を潜めていた若泉氏に届けられたという

若泉敬氏が、著書『他策ナカリシヲ信ゼムト欲ス』の出版にあたり
平成6年（1994年）6月23日付で沖縄県の皆様宛てに作成した書簡
（故 大田昌秀 元県知事所蔵　著者が大田氏より複写を譲り受けた）

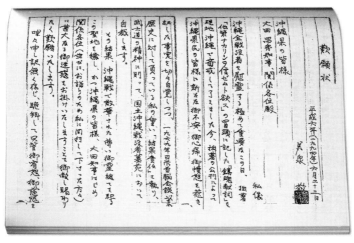

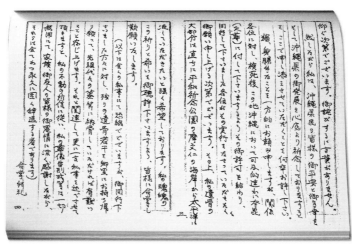

この書簡は、投函されることなく若泉氏の自宅金庫にしまわれた。その後、若泉氏は膵臓がんと闘いながらも沖縄県への慰霊と鎮魂の旅を続け、沖縄戦で亡くなった方々の遺骨収集活動、そして『他策ナカリシヲ信ゼムト欲ス』の英訳に専念した。2年後の平成8年（1996年）7月27日、若泉氏は自宅において近親者と英訳版の出版に合意し、その後、青酸カリによる服毒自殺をした。66歳だった。

『若泉敬遺言公正証書』(抜粋)平成八年六月二十日作成
(故 大田昌秀 元県知事所蔵　著者が大田氏より複写を譲り受けた)

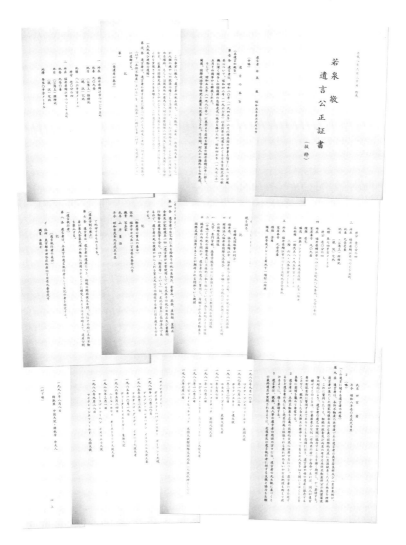

その「第壱条(本遺言の趣旨)」に、自分が沖縄返還をめぐる日米首脳交渉の枢機に関与し、祖国復帰の達成に力を注いだこと、そして自分の財産を国際交流に活用してほしい、といった氏の最期の意志が顕れている。

PM2.5

2013年3月11日（月）

　大気汚染の原因とされる微小粒子状物質「PM2.5」について、環境省の暫定指針値を超えた可能性があるとし熊本県で初の注意喚起情報が発令された。花粉症の時期とも重なり、心配なニュースである。

　東京出身の筆者の小学生時代は光化学スモッグとの闘いだった。真夏の午後に風が止むと、スモッグに陽の光が反射し空一面がオレンジ色に染まる。太陽は姿を消し、その輪郭がかすかに追える程度となる。注意報が出ると校外活動が制限され、警報が出ると強制下校となった。地球が泣いているにもかかわらず、警報のサイレンに「早い時間に下校できる」と教室で歓声が上がった。しかし、帰り道には目がチカチカしたり喉が痛くなった。駅前の電光掲示板にはそれまで社会問題となっていた騒音に加え、大気中の窒素酸化物等の濃度がリアルタイムに表示されるようになった。ppm という言葉を覚えたのもこの頃だ。

　わが国も経済発展を優先してきた結果、数々の公害を経験した。さきの福島第一原発事故でも放射性汚染水が太平洋に海洋投棄され国際的な批判を浴びたことは記憶に新しい。多くの先進国が通ってきた道とはいえ、愚行を繰り返す必要はない。政治的に冷え込んでいるときだからこそ、経験と英知を隣人のために大いに活用させたい。

PM2.5
大気中に漂う粒径 2.5μm 以下の小さな粒子のことで、従来から環境基準を定めて対策を進めてきた粒径 10μm 以下の粒子である浮遊粒子状物質よりも小さい粒子。粒径が非常に小さいため（髪の毛の太さの 1/30 程度）、肺の奥深くまで入りやすく、肺がん、呼吸系への影響に加えて、循環器系への影響が懸念されている。粒子状物質には、物の燃焼などによって直接排出されるものと、硫黄酸化物（SOX）、窒素酸化物（NOX）、揮発性有機化合物（VOC）等のガス状大気汚染物質が、主として環境大気中での化学反応により粒子化したものがある。
［葛飾区役所ホームページより引用］

金色のピアス

2013年3月18日(月)

　夕刻6時を回った頃だった。駅のエスカレーターで妻とすれ違った。声をかけようと思ったが友人らしき女性と一緒だったこと、また振り返って戻るにはエスカレーターの乗客が多かったため、結局声もかけずに過ぎ去ってしまった。いつものように黒いコートの襟を立て、肩から大きなバックを提げて。しかし、見慣れぬ金色のピアスが光って見えた。

　なぜあの時間に彼女が駅にいたのだろう。その夜遅くに帰宅、思い出したように切り出した。「今日の夕方6時頃、駅にいた？」。妻の秘密でも探るかのように私は伏し目がちにたずねた。「家にいたわよ。子供たちも家にいたし」。怪しむような私の表情を察知したのか長男を呼びつけ、在宅を証明した。確かに思い出してみると肩から提げていたバック、ましてや金色の大きな円形のピアスに見覚えはなかった。

　「世の中に自分に似た人が3人いる」という。妻と知り合って20年、どうやらそのうちの1人目と出会ったようだ。ルックスが似ていると不思議なもので髪型やコートの着こなし、持つバックの趣味まで似てくるらしい。ほほ笑みながら妻は言った。「私も買おうか悩んでいたんだけど。今度、その金色のピアス、買ってね」。私はまた、妻に負けた。

古豪復活

2013年4月9日(火)

　春一番の感動を県立岐阜商業高校野球部が届けてくれた。見事に連覇を阻止した大阪桐蔭（大阪）戦は球史に残るゲームだった。不肖筆者もベスト4進出をかけた済美高校（愛媛）との一戦をアルプススタンドから応援した。お隣には選手としてのみならず、指導者としても県岐商野球部を春夏合わせて14回甲子園へと導いた名将小川信幸先生。何とも贅沢な観戦である。

　これまでぎふ清流国体に向けて、夏の高校総体（インターハイ）や秋の国体をまわり、硬式テニスやフェンシング、ホッケーなど多くの競技を観てきたが、やはり野球は別格。高校の体育・スポーツ活動を統括する高等学校体育連盟に対して、野球には高等学校野球連盟が独立して存在する。大会を大手新聞社が主催し、連日のテレビ中継、そしてお金を支払ってでも球場に足を運ぶ有料観客。球児の一挙手一投足に甲子園のみならず日本全体が沸き立つ。開幕したプロ野球では、阪神の藤浪晋太郎選手や日本ハムの大谷翔平選手など甲子園ファンを釘づけにした怪物くんたちが早くもその輝きを放っている。

　現在も高校野球連盟の評議員としてご活躍の小川先生は甲子園をこう表現する。「自分を育ててくれた場所。そして多くの仲間を得ることのできた場所」と。さあ、この夏も県勢の活躍に大いに期待したい。

大阪桐蔭の3連覇を阻み歓喜する県岐阜商ナイン

火

2013年5月8日(水)

　火の利用は、私たちにとって手や指の利用、道具の利用と並び進化に大きな影響を及ぼしたと言われる。人類は進化の過程の中で、火を神聖なものとあがめ、多くの宗教的儀式にも利用してきた。「火を見ると興奮する」のも人類の本能的な感情とも言える。

　先月、手力雄(てぢからお)神社の火祭にお招きいただいた。14時すぎには神社へ入り、まずは長持の宮入を拝見。今年は蔵前町を先頭に以下、東中島、芋島、細畑、高田、切通、手力、野一色の列が続く。それまで爆竹を飛ばして声を上げていた男衆が本殿前まで来ると足を止め一礼をして宮入する姿は動と静を感じる瞬間である。夕暮れとともに町ごとに立てられた高さ20メートルの御神燈に灯がともる。滝花火が点火されると、火花の落下点に神輿(みこし)が突入していく。

　降りしきる火の粉を受けながら乱舞する花火神輿も火を噴く。爆竹と半鐘が鳴り響く中、滝花火の火の粉と神輿から吹き上げる火柱とがぶつかり合い、火と音の祭典は最高潮に達する。神様を前にして上半身裸の男たちが火を恐れずに踊り舞う姿は何とも勇壮である。

手力雄神社火祭　飾り御輿

拉致問題を考える

2013年5月25日（土）

　小泉純一郎元首相の秘書官を務めた飯島勲内閣官房参与が北朝鮮を訪問した。硬直化した拉致問題の解決に国民の注目が集まる。

　毎年のように首相が交代するわが国においてこの10年、拉致問題解決の糸口すら見えなかった。私は北朝鮮の将来について、民族の悲願である南北の統一よりも、中国へ国境を開くことで、金体制を維持しながら「朝鮮自治区」として、緩やかな管理体制へと移行していくのではないかと考えている。ベルリンの壁崩壊後のドイツのように経済的に困窮した朝鮮民族が大量に流れ込むことを、漢民族優位の中国側も望んではいないはずだ。

　私の意見に対し、古屋圭司拉致問題担当大臣は「それが一番望ましくない形。中朝間で拉致問題がうやむやにされる」と危惧する。「圧力をかけることによって対話を引き出していく。私が最後の担当大臣になる覚悟」。そう語る大臣の瞳の奥に強い決意を感じた。拉致被害者、そして長い間彼らを待ち続けている家族の心の痛みも忘れてはならない。

苦海浄土

2013年6月19日（水）

　今春、最高裁は熊本県が水俣病と認めなかった女性を認定するよう命じ、国は再び認定のあり方の見直しを迫られている。そんな中、作家石牟礼道子氏の声を聞きたくて博多で行われた水俣病記念講演会に足を運んだ。

　86歳という高齢の上、パーキンソン病を患い車いすでの登壇であったが、その力強いメッセージに胸をつかれた。1956年の水俣病公式確認当時、1人の認定申請をした患者の家にはほぼ親子3代にわたって水俣病が発生していたが、周囲からの偏見や差別を気にして同じ家から複数名の申請は出せなかったと振り返った。伝染病病棟の重症患者は人間とは思えぬ奇声を発し、けいれんが始まると手足を縛り付けた紐を引きちぎってベッドから転げ落ちた。ついには周囲に知られまいと葬儀すら行われない時代が続いた。まだまだ語られていない真実が埋もれて何も解決していないと訴える。氏は1969年『苦海浄土－わが水俣病』を出版し極限的な世界を文学へと昇華させた。その後も人間の絆をテーマに発信し続けたが、残念ながら公の場に立つのはこれが最期になると表明した。

　水俣病は日本が強引に近代化を推し進める中でひき起こされ、半世紀を超えても公害の原点として問いかけてくる。今再び、私たちは福島第一原発事故を「見てしまった者の責任」として、この事実を真摯に受け止め、水俣病と同じ過ちを繰り返してはならない。

第13回水俣記念講演会の
パンフレット

石牟礼道子
1927年熊本県天草郡生まれ。生後まもなく対岸の同県水俣町（現水俣市）に移住した。短歌で才能を認められ、詩人谷川雁氏らと同人誌「サークル村」に参加。南九州の庶民の生活史を主題にした作品を同誌などに発表した。1968年、「水俣病対策市民会議」の設立に参加。原因企業チッソに対する患者らの闘争を支援した。1969年『苦海浄土』を刊行。水俣病の現実を伝え、魂の文学として描き出した作品として絶賛された。翌年、第一回大宅壮一賞に選ばれるが受賞辞退。以降も『苦海浄土』の第3部『天の魚』や『椿の海の記』、『流民の都』などの作品で、患者の精神的な支えになりながら、近代合理主義では説明しきれない庶民の内面世界に光をあてた。2018年2月没。
［『苦海浄土』著者略歴、朝日新聞より引用］

共同体意識

2013年7月1日(月)

　日米両政府が本年4月に発表した沖縄県の嘉手納基地より南にある米軍基地の返還計画の中で、キャンプ瑞慶覧(ずけらん)の西普天間住宅地区52ヘクタールについて早ければ年内に返還される見通しとなった。しかし沖縄にはいまだ約2万3千ヘクタールの基地施設が広がる。争点の普天間基地については1996年のSACO(日米特別行動委員会)合意以降、何度も議論されたが実態として返還・移設に結びついておらず沖縄の不満は沸点に達しつつある。

　本年5月、朝日大学にお招きした琉球大学・我部(がべ)政明教授は「復帰からの40年を振り返ると、前半は高度成長期を迎えた日本と一緒になることで経済的にも日本人であることに誇りを持てる時代だった。後半の20年間、とくに95年(米兵少女乱暴事件・県知事の代理署名拒否)以降の日本政府の対応に、沖縄県民の中で新しい共同体意識が芽生え、辺野古への移設といった新たな基地の受け入れが自分たちの共同体にいかに障害となるかということを多くの人が知り始めた」と語る。

　さらには、米軍基地は日本の安全のためにあると説明されているが、70年近くたった今も基地が日本本土の安全を保障しているのであれば、これを日本全土で応分に負担する、あるいは日本の安全保障そのものを見直す必要があるのではないか、という指摘に筆者はただただうなずくばかりであった。

朝日大学で講演する
我部政明教授

SACO合意
1995年沖縄県内で起きた米兵による少女暴行事件を受け、日米両政府は「日米特別行動委員会(SACO)」を設置した。SACOは過重な基地負担の軽減を掲げ、在沖米軍基地の整理縮小・統合を協議し、その結果として翌年12月に普天間飛行場など11施設の全面・一部返還を盛り込んだ最終報告書を発表した。これがいわゆるSACO合意である。普天間問題の混迷の源流は、まさにこのSACO合意にある。
[前泊博盛著「沖縄と米軍基地」角川書店より引用]

カードに気をつけて

2013年7月16日(火)

　旅先で急にクレジットカードが使用不能に陥った。空港のカウンターでいつものようにカードを出したところ担当の女性より「このカードは使えません」と告げられた。日頃から現金の持ち合わせが少なく、悪い汗が出た。幸い他社のカードをもう一枚持っていたため、それで決済して帰路につくことができた。

　妻からメールが来ていたことを思い出した。「カード会社が利用明細のことで連絡をとりたがっている」と。早速、空港から電話をした。「昨夜の21時ごろにインターネット経由で買い物をされましたか？」。どのような物かと尋ねると日本最大級のファッション通販サイトからだという。身に覚えがないと答えると「カード情報が流出した可能性があり使用を止めました。カード番号、有効期限を一新したものをお送りしますのでカードはハサミを入れて破棄してください」と慣れた口調。文句のひとつも言いたかったが、カード会社の対応の素早さに妙に納得してしまった。

　どこでカード情報を抜かれたのだろう。インターネットで件(くだん)のサイトを調べると筆者と同様の被害に遭った方の書き込みが目立った。カード情報が流れるのも、それを知らせる妻からのメールも、会社情報を調べるのもすべてネット。われわれは便利さと引き換えに、情報という海のなかを泳ぎ続ける。

地湧菩薩

2013年7月23日（火）

　死と直面しても、逃げることなく他人のために働くことができるであろうか。福島第一原発事故で陣頭指揮を執った吉田昌郎元所長が食道がんのため死去した。享年58歳。あまりにも早すぎた。

　彼が発するメッセージを聞きたくて昨年8月に福島市で開かれたビデオ講演会に参加した。がんの療養中でげっそりしていたが、カメラを見つめる眼光に信念の強さを感じた。吉田氏は冒頭で福島県民ならびに関係者に対して謝罪を述べた。事故の詳細については、今は語れないとしながらも、危険を顧みず現場に飛び込んでいった部下たちを「地獄の中の地湧菩薩のイメージ」とたとえ感謝の意を表し、原子炉の冷却作業担当は撤退できず、高い使命感の中でともに死を覚悟していたと語った。吉田氏の奮闘ぶりは門田隆将著『死の淵を見た男』（PHP研究所）でも読むことができる。

　今もなお終息の見えない福島第一原発を最もよく知る人物を失ったことは悲しむべきことである。同原発の緊急対策本部には吉田氏の遺影が飾られているというが、現場を指揮した者としてもっと多くのことを関係者のみならず国民に対して、また後世へと伝えてほしかった。東京電力という組織の一人として、そして命をかけて日本を守った男として。

なぜ沖縄だけが？

2013年8月13日(火)

　嘉手納基地所属の米軍ヘリが訓練中に墜落した。機体ならびに原野火災に対して米軍が消火活動を続ける中、わが国の消防、警察はまたも日米地位協定に阻まれ、フェンスの外でただただ見守るだけであった。

　現場は海兵隊基地のキャンプハンセン内。那覇市内から美ら海水族館まで行く際に利用する高速道路は、この基地のわきを横切っていく。5120万平方メートルの広大な演習場にもかかわらず、車窓から気にしていなければ知らず知らずのうちに通り過ぎてしまう。墜落現場から北東方向へ、同じ海兵隊のキャンプシュワブと辺野古弾薬庫が並び、現在、普天間からの基地移設が問題となっている辺野古海域へと連なる。

　同県内での米軍機墜落事故は1972年の返還後45件目との報道だが、部品落下や不時着を含めると500件を超える。返還前の1959年には宮森小学校にジェット機が墜落、死者17人、負傷者200人以上を出したことを忘れてはならない。記憶に新しいところでは2004年の夏、沖縄国際大学にヘリが墜落、炎上した。この事故から当時の稲嶺県政が導き出したものは、大学と隣接した普天間基地の可能な限りの早期返還ではなく、辺野古沖代替施設の建設作業を促進するという結論だった（由井晶子著『沖縄－アリは象に挑む』より）。今回の事故を機に、再び日米両政府間で辺野古移設に拍車がかかることが心配でならない。基地を移設しても何も変わらない。

日米地位協定
在日米軍による施設・区域の使用を認めた日米安全保障条約第6条を受けて、施設・区域の使用の在り方や我が国における米軍の地位について定めた国会承認条約。政府は、日本を取り巻く安全保障環境が厳しさを増すなかで、在日米軍の安定的な駐留を確保し、日米安保体制の円滑かつ効果的な運用を実現していくことが重要であるとの観点から、日米地位協定の範囲内で、米軍施設・区域の土地の借料、提供施設整備費などを負担しているほか、在日米軍の労務費、光熱水料等及び訓練移転費等を負担している。
［外務省ホームページより引用］

国を守るということ

2013年9月4日(水)

　幼少のころからボーイスカウト活動に参加してきた筆者にとって、自衛隊は身近な存在だった。大きな大会はしばしば自衛隊の演習場で開催され、会場設置や運営でもお世話になった。読者の中には、東日本大震災で被災地支援をした自衛官の姿に胸を熱くされた方も少なくないと思う。先日、防衛省からお招きをいただき富士総合火力演習を見学した。

　あいにくの雨模様で富士山の裾野に広がる東富士演習場は少し肌寒かった。しかし陸上自衛隊による実弾射撃が始まると戦車・ヘリ・火砲等の鼓膜を振るわすド迫力に圧倒され、すぐに会場は熱気に包まれた。各種装備品や火力戦闘にまったく知識のない筆者でも悪路の中、隊列を組み猛スピードで駆け抜ける最新鋭の10式戦車に、興奮を覚えると同時にこの国産戦車が実戦で使われないことを祈る気持ちとが交錯した。

　演習の後段では島嶼部（とうしょぶ）への攻撃を想定した陸・海・空統合作戦が披露されたが、島を攻撃する艦船3隻は赤く塗られていた。また演習後の昼食会に主催者として挨拶に立たれた君塚栄治陸上幕僚長は日米同盟の深化、とくに海兵隊との連携に触れた。昨今の国際情勢を考えれば自衛隊として当然のスタンスかもしれないが、自衛隊にオスプレイ導入という報道も聞く。憲法改正や国防軍の議論と同様、国民の声に耳を傾けながら慎重に進めていただきたいと願う。

富士総合火力演習
(2017年8月撮影)

正解のない問題

2013年9月27日(金)

　日米安保、資源とエネルギー、環境問題について考える。今年度より朝日大学の新入生を対象に三つのテーマを掲げて学内外の講師がリレー方式で講義を展開した。

　最初のテーマでは、沖縄の基地問題に触れながら外務省北米局日米安全保障条約課の中村仁威企画官、そして琉球大学我部政明教授をお迎えした。次のテーマでは、原発問題を考えるため中部電力岐阜支店より丹羽漸総務部長、國學院大學菅井益郎教授にそれぞれの立場から語っていただいた。環境については、公害を地元の地域学として展開されている熊本学園大学花田昌宣教授に水俣学を、本学と連携関係にある三重大学から朴恵淑副学長に四日市学をご紹介いただいた。正解のない問題にどう取り組むのか。身近な問題に関心を持ち、本や新聞を読み、そして専門家の意見を聞く。同じものを見ても生ずる考え方の違いや光と影を見せることで、学生個々が考え、自分の意見を構築していくことを養う講座であった。

　沖縄の問題を語る際に「小指の痛みを、全身の痛みと感じてほしい」という言葉がしばしば引用されるが、わが国は明治以降の近代化政策、また戦後焼け野原からの復興のため経済発展を優先し走り続けてきた。しかし手にした豊かさとは何だったのか。歴史の影の部分を封印せず、過去の教訓を負の遺産として若者たちにどんどんボールを投げていきたい。

朝日大学で講演する
中村仁威氏

朝日大学で講演する
花田昌宣教授

サザンオールスターズ

2013年10月7日（月）

　5年ぶりに活動を再開し、今年で結成35周年を迎えたサザンオールスターズ。この夏、全国5カ所で9公演を行ったが、読者の中には豊田スタジアムでのライブに駆けつけた方もいらっしゃるのでは。もちろん筆者もファンの一人である。

　35年前といえば歌番組全盛時代。アイドルやバンド、シンガーソングライターや演歌歌手が入り乱れて毎週の順位を競い合う。そんな中でも作詞作曲を手掛ける桑田佳祐氏の存在は異色だった。音楽性はビートルズやボブ・ディランの流れをくみつつも、歌詞に独特の語呂、そして韻を踏むなど見事な言葉遊びの世界を展開する。3年前に食道がんを患い、それを見事に克服しての活動再開だったが、同時に新曲「ピースとハイライト」をリリース。その歌詞に一部から批判の声が飛んだ。

　「何気なく観たニュースでお隣の人が怒ってた。今までどんなに対話してもそれぞれの主張は変わらない」「教科書は現代史をやる前に時間切れ。そこが一番知りたいのに何でそうなっちゃうの？」。昨今の東アジア情勢を反映しての歌詞だが「希望の苗を植えていこうよ」と呼びかける。桑田氏も57歳。これまでも平和をテーマにした歌も少なくなかった。ジョン・レノンがそうであったように、大いにメッセージを発信してほしい。

サザンオールスターズ
1978年6月にシングル「勝手にシンドバッド」でデビュー。1979年「いとしのエリー」の大ヒットをきっかけに、日本を代表するロックグループとして名実ともに評価を受けた。以降、数々の記録と記憶に残る作品を世に送り続け、時代とともに新たなアプローチで常に音楽界をリードする。2000年1月リリースの「TSUNAMI」が自己最高セールスを記録、第42回日本レコード大賞を受賞。2018年にデビュー40周年を迎え、平成最後の第69回NHK紅白歌合戦に特別企画で出演。紅組・白組すべての歌手が歌い合わった後、最後の「大トリ」を務め、話題を集めた。
［サザンオールスターズ・オフィシャルサイトより引用］

大病を乗り越えて

2013年10月24日（木）

　企業の病気休職制度を利用した人の復職率が51.9％と、2人に1人が復帰を果たしている一方で、退職率が37.8％にのぼるとの調査結果を独立行政法人労働政策研究・研修機構が発表した。退職率を疾病別にみると「がん」（42.7％）が最も高く、次いでメンタルヘルス、脳血管障害などとなっている。

　医療現場にいると、確かに大病を患うと復職の難しいケースに遭遇する。疾病自体が就業継続を難しくして、退職の直接的な原因となる場合のほか、復職後も定期的な通院が続き職場への遠慮が生じる場合、自身が健康に自信を失うことで労働意欲が著しく低下する場合などその背景はさまざまだが、企業側が病気を契機に責任ある仕事を任せにくくなるといった側面もあるように聞く。それまで仕事中毒と呼ばれるほどのハードワーカーが、突然離職してしまうケースもある。

　入院中に患者はさまざまなことで考え悩む。死ということを意識し、その中で献身的に自分を支えてくれる家族や周囲の思いを肌で感じ、自分の中での優先順位が仕事から家族へと入れ替わる。その結果、職場へ復帰したものの周囲から「あの人は変わった」などと評される。医学の進歩と高齢化社会の進展に伴い、がんや脳血管障害などを抱えながらも働く人は増加する。病める者に生じた障害や心の変化すべてを包み込めるような温かい職場づくり、そしてコミュニティづくりに期待したい。

国体が残したもの

2013年11月1日(金)

　ぎふ清流国体から1年がたち、今期の国体は東京都で開催された。岐阜県勢は男女総合（天皇杯）5位、女子総合（皇后杯）3位と、目標をはるかに上回る好成績を収めた。県体育協会の役員の一人として皆さんからのご支援とご声援に感謝を申し上げたい。

　現在の得点方法となった平成15年の静岡国体以降、総合優勝を果たした前年度開催県が翌年に8位以内の入賞を果たせたのは平成17年の埼玉（3位）、平成19年の兵庫（5位）、平成23年の千葉（7位）の3県だけで、いずれも大都市を抱える県である。人口205万県でのこの結果は、古田肇知事のリーダーシップの下で、ぎふ清流国体までの強化を次世代へとつなぐ取り組みが実ったものと言える。わが朝日大学も自転車競技で団体優勝に貢献することができた。

　閉会式では他県の役員から「昨年の岐阜は良かった」と声をかけられた。式典会場となった調布市の味の素スタジアムには空席が目立った。東京選手団の入場行進には開催県としての緊張感のかけらも見られなかった。渋滞と混乱を避けるため多くの競技が都心よりも都下で行われたため、都民の多くが国体開催を知らなかった。お国自慢的要素を持つ国体は、やはり地方都市開催の方が合っているようだ。2020年の五輪も、東京だけでなくぜひ地方開催をしていただき、岐阜流の「おもてなし」をご披露したいものである。

東京国体・自転車団体追い抜き優勝の岐阜県選抜

時

2013年11月18日(月)

　本年3月に福島県浪江町を視察した首相は震災の爪痕が残る街並みを前に「時が止まったような状況」だと表現した。一方で、福島第一原発からの高濃度汚染水が止まらない。想像を超える海洋汚染が拡がる。筆者はこの夏、水俣病被害者の声を聞くため水俣市茂道、湯堂から芦北町女島にかけて不知火海沿岸を歩いた。

　認定患者の杉本雄さん(74)。「父親が鉄道関係の仕事で小学生のときに水俣市に転校してきたが、親からはチッソの子どもとはけんかをするなと言われた。チッソは特別な存在であり、学校の先生も行政もいつもチッソを見ていた。だから有機水銀を含んだ工場排水も止まらなかった。チッソが患者に対して提示したのは補償協定ではなく、あくまでも見舞金契約であり、最後まで企業側の責任を認めようとしなかった。チッソがつぶれたら城下町がだめになる。水俣市も、国に対してチッソの排水を止めないようにと陳情していた。このとき考え方を切り替えることができたなら犠牲者は半分で済んだはず」と強い口調で語る。水俣を福島に、チッソを東電に、有機水銀を放射能に置き換えて、ぜひご再読いただきたい。

　公式認定から50年以上がたった今も水俣病は終わっていない。2009年に水俣病特別措置法が成立し、昨年7月までに国の予想を超える6万人以上が申請した。彼らはその後も障害を抱えながら昨日と変わらない暮らしを続けている。被害者救済の視点に立つと決して時を止めてはならない。

チッソ水俣工場百間排水口

静かな漁村―水俣市茂道

百間排水口
水俣病原点の地と呼ばれる。この排水口を通じて1932年から1968年までチッソ株式会社水俣工場において酢酸等の原料となるアセトアルデヒドの製造工程で副生されたメチル水銀化合物が工場排水とともに排出され、その結果、八代海(不知火海)一円に水俣病が発生。水俣湾に排出された水銀量は、推定70〜150トン。この排水口付近に堆積した水銀を含む汚泥の厚さは4メートルに達するところもあった。

あなたもくるくる？

2013年12月2日（月）

　忘年会シーズンが到来した。社会に出たころは「とりビー」なる言葉が当たり前のように使われ、宴会の始まりは「とりあえずビール」―。世界を旅して気がついたこと、それは日本のビールがとにかくうまい。ホーチミンで生ぬるいビールを出され、氷の入ったアイスボックスを注文し、ビール瓶を突っ込んでくるくる回して冷やしたところ、お店の若者に嫌な顔をされた。

　焼酎の時代が到来した。以前は安酒と言われたがブームというのは恐ろしい。のどごしがよいと酎ハイを好んだ旧友も、数十年ぶりの同窓会で出会うと「芋のロック。とくに臭いやつね」なんて言い出す。間口の大きなロックグラスをくるくる回し、人差し指で氷を押さえて、くーっとあおる姿に昔の面影はない。

　ポリフェノールの抗酸化作用がアンチエイジングに極めて有効との評価が定着し、最近はすっかり赤ワインが鎮座している。空気に触れると味がまろやかになるとかで、老若男女を問わずワイングラスを握りしめ、あっちでくるくる、こっちでくるくる。酔って回せば自然とグラスも不安定に。筆者はこの一年で3回、ワイングラスが倒れる被害に遭い、そのたびに妻とクリーニング屋に言い訳をした。もちろんそのうち2回は自分でグラスを倒したと、周りは言うが。さて読者の皆さん、今夜は何を？

ポリフェノール
ポリフェノールは、ほとんどの植物に存在する苦味や色素の成分で、自然界に5,000種類以上あると言われている。抗酸化作用が強く、活性酸素などの有害物質を無害な物質に変える作用があり、動脈硬化など生活習慣病の予防に役立つ。多く含まれる食品として赤ワイン、ブルーベリー、緑茶、紅茶、玄米、豆類などがあげられる。
［(公財) 長寿科学振興財団ホームページより引用］

琉球処分

2013年12月18日(水)

　沖縄県選出の自民党国会議員5人が一様に厳しい表情で並んでいた。その左手には石破茂自民党幹事長が演説台の縁に手を掛けながら「普天間基地の移設先として辺野古を含むあらゆる可能性を排除しない」との方針を打ち出した。直近の選挙で県外あるいは国外への基地移設を掲げて当選した5議員が公約を破った。先月25日のことである。

　地元紙は一面トップで「民主主義の根幹である選挙の意義を傷つけ、抜本的な基地負担軽減を難しくするという二つの禍根を残した」と報じた。5人のうちの1人、昨年末の衆院選で沖縄3区から初当選した比嘉奈津美議員に基地問題について尋ねたのは本年2月のことだった。1年生議員として党幹事長に呼ばれ「沖縄のひとは本当はどう考えているんだ」と聞かれたという。あれから9カ月。普天間固定化の可能性を突きつけられ彼女は踏み絵を踏んだ。会見中、うなだれ視線をそらす姿には胸中察するものがあった。

　辺野古移設容認は年明け1月19日の名護市長選を前に加速化している。時の明治政府は琉球の高官を上京させ廃藩置県に向けた方針を伝えたが、説得による王国解体が困難であることを知ると首里城への武力制圧によって沖縄県を設置した。この歴史的過程は琉球処分と呼ばれているが、今回の一連の動きは数の力による「平成の沖縄処分」か。

厳しい表情で並ぶ自民党国会議員
写真提供：沖縄タイムス

2014年

ふるさと

2014年1月9日(木)

　東日本大震災で多くの人が故郷を離れた。暮れの紅白歌合戦では嵐が「ふるさと」を、前回の紅白で話題をさらった美輪明宏さんが「ふるさとの空の下に」を歌い上げた。司会の綾瀬はるかさんが福島県大熊町の子どもたちの映像とともに「花は咲く」を歌うシーンに涙した。

　先月、大垣市内での映画「ふるさと」の上映会に参加した。豊かな自然を背景に、ダム建設のため数年後に消えゆく徳山村の人々の心の動きを神山征二郎監督が紡ぎ出す。上映前に原作者で戸入分校元教諭の平方浩介さん（77）が徳山ブルースを披露すると、会場内は温かい拍手に包まれた。東京出身の筆者には、湖底に消えた村の同窓会に迷い込んでしまったような、その温かさがちょっぴりうらやましくも思えた。公開から30年を経たが、この作品が投げかけた高齢社会や環境、都市と地域の問題は今もなお膨張を続けている。

　東京晴海で開かれた政府主催拉致被害者救出を誓うコンサートでは、県選出の古屋圭司拉致問題担当大臣を囲んで横田滋ご夫妻らとともに「ふるさと」を合唱した。「夢は今もめぐりて忘れがたきふるさと」。今も戻れぬ被害者の心情を想い目頭が熱くなった。放射能汚染による避難、ダム建設による移転、そして拉致と時代や状況はまったく異なる。しかし、そこへはもう戻れないと思うほど故郷を想う気持ちは強まる。それぞれが持つ望郷の念を踏みにじってはならない。

水をたたえる初春の徳山ダム

徳山ダムにたつ
映画「ふるさと」記念碑

朝日大学で講演する
神山征二郎監督

大学ラグビー

2014年1月20日（月）

　記念すべき第50回全国大学ラグビーフットボール選手権大会は、闘将岩出雅之監督率いる帝京大学が過去15回の優勝を誇る早稲田大学の反撃を突き放して史上初の5連覇を成し遂げた。爽やかな冬空の下、東京五輪に向けた改修工事を控えた国立競技場には2万7千人ものファンが詰めかけた。

　「やりがいがある、楽しみです」帝京大学の中村亮土主将は決勝戦を前に語った。こんな逸話がある。日本代表合宿に招集された際、インフルエンザで高熱を出し病院に搬送された。フラフラの状態で救急外来前のベンチで順番を待っていた時、ある老婆が受診にやって来た。彼はさっと立ち上がり、その老婆に席を譲ったのである。それを見た代表チームに同行していた高澤祐治医師は帝京の真の強さ、そして彼のような人物を代表に選んだ日本ラグビー界の未来を確信したという。素晴らしいキャプテンシーを見せてくれた彼はこの春、サントリーへと進む。

　わが朝日大学も古豪中京大学を倒して東海学生リーグを4連覇、今季初めて秩父宮ラグビー場で帝京と対戦したが、結果は惨敗であった。しかし、関東や関西の強豪校に囲まれた岐阜の地から発信できたことは大きな一歩であった。2019年にはラグビーのワールドカップが、そして翌年には五輪が日本で開催される。競技力の向上だけでなく中村主将のような人間力を兼ね備えた人材を育成したい。

左から筆者、帝京大学沖永理事長、
帝京大学ラグビー部岩出監督、朝日大学ラグビー部吉川監督

感染症にご注意を

2014年2月3日（月）

　ノロウイルスが猛威を振るっている。浜松市では千人を超える児童の集団感染が発生し、15の小学校が休校に追い込まれた。その後も学校や宿泊施設から感染の知らせが相次いでいる。

　ノロと聞くと、原因食材についてわれわれ医療者はまず牡蠣（かき）をはじめとした魚介類の生食を思い浮かべる。ノロが熱に弱いという特徴から生野菜あたりも疑いたくなるが、今回の原因は食パン。検品工程での付着とはいえ、これだけの集団感染につながったのは驚きである。清潔好きの日本人も菌やウイルスに弱くなったのかと案ずるが、相手も遺伝子の変異など時々刻々とその姿を変えてくる。人類の歴史は感染症との闘いと言っても過言ではない。特効薬がない中では、とにかく頻回の手洗いが感染の広がりを予防する。

　風邪の予防も筆者が幼少のころはうがいの励行とマスクの装着と言われたが、現在は手洗いの重要性が叫ばれている。とくに不特定多数の人が利用する公共トイレの扉やドアノブ、水栓金具、またエレベーターのボタンや電車のつり革等には雑菌がいっぱい。その手で目をこすったり、指を口に入れたりといった知らず知らずの行為が感染の元となる。お子さんや高齢者のいらっしゃるご家庭では特にご注意のほど。

ノロウイルス感染症
手指や食品などを介して、経口で感染し、ヒトの腸管で増殖し、おう吐、下痢、腹痛などを引き起こす。健康な人は軽症で回復するが、子どもやお年寄りなどでは重症化することがある。ノロウイルスのワクチンはなく、また、治療方法は点滴などの対症療法に限られる。患者の便や吐ぶつに大量のウイルスが排出されるため、とくに家族など周囲の人々への予防対策が重要である。
［厚生労働省ホームページより引用、一部改変］

足尾から来た女

2014年2月28日(金)

　NHKドラマ「足尾から来た女」を見た。昨年は当たり年だった女優尾野真千子が主演。実物よりも少々スマートなようだが、田中正造を演ずる柄本明の演技も光った。

　足尾銅山から流出する鉱毒は、大雨のたびに急峻な渡良瀬川を通じて下流域へと広がる。富国強兵政策を掲げ日露戦争へとひた走る明治政府は、銅山の操業停止を命ずることなく、現在の栃木と茨城、群馬、埼玉の県境に位置する谷中村に、巨大な遊水池を作って川底に鉱毒を沈めること、さらには下流の利根川から江戸川へと流れ込む関宿という地点に棒出しと呼ばれる堰を設けることで東京への鉱毒拡散を食い止めた。人口2700人の谷中村は国家を支える銅資源と首都機能を守るため強制的に廃村へと追い込まれた。反対運動に身を投じた田中正造の没後101年がたったが、原発事故を契機にこの事件を見直す動きが広まっている。

　尾野が演じる谷中村出身の娘がこう叫ぶ。「東京にいると谷中のことなんて誰も心配していない。よその世界のこと。ここには何十万という人がいて、立ち退きに抵抗するたった16軒のことよりこっちのことの方がずっと大切なんです」。私が訪れた渡良瀬遊水地は葦生い茂る美しく静かな湿原だった。その下には今も故郷を奪われた多くの思いが眠っている。

渡良瀬遊水池
栃木県の南端に位置し、栃木・群馬・埼玉・茨城の4県にまたがる面積33km²、総貯水容量2億m³の我が国最大の遊水地である。明治20年代の洪水を契機に、渡良瀬川下流部の洪水被害とともに、足尾銅山から渡良瀬川に流れ出した鉱毒による被害が明確になった。これに対し、渡良瀬川の改修や最下流部に遊水地計画が打ち出された。明治38年から明治40年までの間に930町歩余りが買収された。その間、明治39年には谷中村は藤岡町に合併廃村となった。明治43年には内務省による改修事業が始まり、昭和5年に遊水地が完成した。
［渡良瀬遊水池ホームページより引用］

贈る言葉

2014年3月28日（金）

　さる3月12日にわが朝日大学も卒業式を迎えた。学長としては決まって訪れる大イベントの一つ。多くの来賓をお迎えし、卒業生諸君を盛大に送り出すことができた。式典では卒業生に向けてこのようなメッセージを贈った。

　皆さんが在学中であった3年前を振り返ってみよう。この式典の前日に東日本大震災が起こった。私たちもここ岐阜の地においてその揺れを体感した。地震、津波、火災、そして引き続いて起こった福島第一原発事故は国民生活を基盤から揺るがすこととなった。わが国の近代史の中でも明治維新、戦後からの復興と比較されるほどの大きな歴史的転換点に、私たちは立ち会った。「絆」という言葉が多くの場面で使われたことは、心の奥底にある将来への不安を体現していたのかもしれない。あれから3年が経過したが、いまだ26万7千人の方々が避難生活を強いられている。直近のNHKによる調査でも全国のおよそ6割の人が「被災地の復興が進んでいない」と回答している。

　先人たちは数々の知恵と努力を積み重ね、その苦難を乗り越えて来た。震災被害や復興の現状、わが国の新たなエネルギー計画のことなどついぞ忘れてしまいがちな今こそ、自分の置かれている環境に感謝し、新しい日本の創造に向けて英知を結集していただきたい。この春、旅立つ多くの若者たちにもこの言葉を贈りたい。

春の皇居

2014年4月15日(火)

　天皇陛下が傘寿を迎えられたことを記念し、今月4日から8日まで皇居内の乾(いぬい)通りが一般に公開された。事前予約や申し込みが不要ということで連日数万人が春の訪れを楽しんだ。

　これに先立ち、筆者は東京の桜が満開を迎えた3月末日に乾通りを訪れた。坂下門で手続きを済ませてまずは宮殿へ。一般参賀の際に公開される長和殿の広さに圧倒された。いつもテレビで見るガラス張りバルコニーが意外にも低い位置にあることに驚いた。通称二重橋と呼ばれる正門鉄橋に立ち、家光公が伏見城から移築したという伏見櫓(ふしみやぐら)を見上げながら、しばし徳川時代に思いを巡らせる。宮内庁前から、右手に蓮池と呼ばれる堀をはさんで東御苑を見ながら北の丸にある乾門まで続く乾通りを歩く。ソメイヨシノやシダレザクラをはじめ光輝く木々が訪れる者を歓迎する。都会の喧噪(けんそう)を忘れてしまうほど静かなこの通りにはホタルも舞うと聞く。

　次に左手に道灌堀を、右手に両陛下がお住まいの吹上御所の塀を見ながら、緩やかな坂を上り宮中三殿まで散策。御所内には多くは原生林が残され、かなりの手を入れても風雨による倒木箇所が散見された。空を舞う姿は同じでも皇居内を根城にするカラスは気品を漂わせていた。事前手続きをすれば平時でも参観は可能とのこと。上京の際には、ぜひ一度足を運んで四季を感じてみては。

皇居内の乾通り

道灌堀

スマホの時代

2014年5月1日（木）

　「風が吹けば桶屋が儲かる」とは、あることが原因となって、巡り巡って意外なところへとその影響が及ぶことの例え。最近、そんな言葉を想起させるシーンに出会った。

　東京出張を終えて乗りこんだ夕刻の山手線。車内の左右座席をそれぞれ7人が埋めている。14人の老若男女のうちスマートフォン（スマホ）を手にする者が7人。古い型の携帯電話（通称ガラケー）を開く者1人。文庫本に目を落とす者1人。目をつぶり腕組みをする者2人。残念ながら新聞を読んでいる者はいなかった。首都圏には一般紙のほかに夕刊専門紙があり、その鮮烈なタイトルにはしばしば目を奪われ、駅の売店前で足を止めたものだが、その手の情報源もスマホに奪われたようだ。スマホが普及し、夕刊紙が売れなくなったという。車内での暇つぶしという点では、ガムや飴といった類いも売れなくなっているのかもしれない。

　1979年、「ラジオスターの悲劇」という洋楽が流行った。映像の普及がラジオスターを葬り去ったという歌詞。時代とともに媒体も変化する。ネットの普及とともに音楽CDも売れなくなった。さて、筆者はといえばもちろん、いまだ折りたたみ式のガラケーを操り、カーラジオから流れる曲に耳を傾ける。筆者の本コラムも、スマホにその座を奪われぬよう知恵を絞らねばっ！（汗）

ラジオスターの悲劇
英国のデュオ・グループであるザ・バグルスが1979年にリリースしたエレクトリックポップ。原曲名はVideo Killed the Radio Star。複雑な録音手法を用いて完成度の高い楽曲を作り上げ、MTVの普及とともに世界中で大ヒットした。その後も数多くの歌手、グループがカバーし、また多くのパロディ版も出された。

沖縄からの問い

2014年5月16日（金）

　法政大学で開催されたシンポジウム「沖縄の問いにどう応えるか」に参加した。大型連休初日にもかかわらず会場は700人の聴衆で熱気に包まれた。

　大江健三郎氏は講演の冒頭「沖縄の人たちから、もう私たちは問いかけられていないのではないか」という危機感を投げかけ、大田昌秀元県知事が復帰40周年の節目に問いかけた二つの疑問を紹介した。一つは沖縄の「日本」復帰とは何だったのか。もう一つは日本にとって沖縄とは何なのか。前者の問いには結果的に平和憲法の下への復帰ではなく、日米安保体制下への復帰に終わったと指摘している。また、大江氏は自身が著した「沖縄ノート」と、その内容について争った裁判にも触れながら、平和憲法を守り続けることこそ本土の人間がなしうる唯一の闘いであると訴えた。

　サンフランシスコ平和条約の発効から60年目の昨年4月28日には、主権回復の日として政府主催の行事が執り行われたが、沖縄はこの日を「屈辱の日」だと猛反発した。条約を紐解くと、その第2条に日本の領域が、第3条には沖縄の信託統治について記され、合衆国は領水を含むこれら諸島の領域及び住民に対して、行政、立法及び司法上の権力の全部及び一部を行使する権利を有するものとある。この3条の世界は1972年の返還以降も、なお沖縄の大地に、空に、海に厳然として存在し続ける。日本にとって沖縄とは何なのか。その問いかけにあなたはどう答えますか。

シンポジウム
「沖縄の問いにどう応えるか」

夏の訪れ

2014年6月9日（月）

　5月末の週末に北アルプスの白馬岳を訪れた。夏休み期間中、標高2900メートルの山頂山小屋に無料診療所を開設するための準備で、今年も昭和大学医学部のボランティア学生を連れて現地入りした。

　例年と比較し残雪が多く、沢筋の水量も豊富であった。白馬大雪渓の入り口にあたる白馬尻では、除雪機による作業が進められていた。ここには7月から10月まで山小屋が設置されるが、雪崩による倒壊を防ぐため秋には完全に解体され、次の夏山シーズンの到来を待つ。この季節、白馬岳の名の由来となった「代掻き馬」の雪形を見ることができる。雪が解けて中腹にこの馬が現れると村では田植えの準備を始めるという。真っ白い雪の中に現れる馬の色は岩肌の黒。むしろ黒馬岳と呼ぶべきかもしれない。

　まぶしい新緑の下、雪解けのラインにはフキノトウやコゴミといった山菜が訪れる者を歓迎してくれる。国立公園内での採取は禁止だ。八方の宿では、地元の山菜のほか、行者ニンニクが振る舞われた。葉の広がっていない茎の部分はとりわけ香りが強く、市場では高値で取引されている。そのためか、地元の方も行者ニンニクの群生地はなかなか教えてくれない。今年も梅雨入りの知らせが届いた。明ければまた、暑い夏がやってくる。

白馬岳大雪渓を背に

白馬岳山頂の右手に現れた「代掻き馬」

オスプレイ

2014年6月30日（月）

　梅雨の合間をぬって私は2700メートルの滑走路上に立った。南の方角にはちょうど10年前に米軍ヘリが墜落した沖縄国際大学、滑走路の北西端には普天間第二小学校が見える。フェンス1枚を隔てて鉛色に見えていた普天間基地の中に立つと、そこから眺める周囲の景色は、まさに市民生活の日常であった。

　今月、フライトライン・フェスティバルと呼ばれる普天間基地一般開放イベントに参加した。第36海兵航空群所属の航空機やヘリが公開されていた。しかし何と言っても注目はMV-22オスプレイ。ヘリコプター機能と固定翼機のスピードを併せ持つその大きなプロペラは印象的。同機の周囲には広報担当者やビデオが配置され、ハイチでの人道支援やイラク・アフガニスタンでの戦闘実績、またタンデムローターを持つCH-46Eヘリコプターと比較して2倍の速度、3倍の搭載量、4倍の航続距離を誇ると訴えていた。

　収容人数は24人。やや天井が低いものの、中は広く感じた。「安全性はMV-22の運用上優先事項」というチラシをもらったが安全を強調するほど不信感が募る。近い将来、日の丸をつけ、大規模災害時の大量輸送を想定したドクターヘリとして、沖縄のみならず日本全国の空を駆け巡れば、国民の信頼も得られるかもしれないなどと、冷ややかに見てしまう自分がそこにいる。

MV-22 オスプレイ

機内は天井は低いが広い

その先に

2014年7月24日（木）

　「狭い日本そんなに急いでどこへ行く」。そんな言葉が流行ったのは1973年のこと。全国交通安全運動の標語としてその年の総理大臣賞を受賞した。高度成長の結果として大量輸送・スピード・効率化を手にした世相を反映したものだが40年以上がたってもなぜか色褪せない。

　東京の人は歩くのが速いと言われる。東京丸の内の地下道や品川駅の構内を歩くと、靴音を響かせ黙々と前進するサラリーマン軍団に出会う。この程度のスピードは東京標準だと思っていたが、日曜日夜に飛行機で羽田空港に到着した時には驚いた。扉が開くや否や、皆出口を目指して猛進する。動く歩道の上も、下りのエスカレーターも。まるで陸上競技の競歩を見ているよう。筆者も東京から岐阜へ赴任し17年目を迎えたが、そのスピードに追いつけなくなってきた。

　昨年はアベノミクスに沸いたが、その先には消費増税や社会保障費負担増の文字が躍る。実質賃金は低下、生活実感は悪化、世の中は超高齢化。先進国経済は長期停滞に入ったとも言われる。そんなに急ぐ理由もなくなってきた。成長ばかりを追い続け、その道中で落とし物をしたり、他者に迷惑をかけてきたかもしれない。
Slowly, but surely.
ゆっくりでも確実な歩みの先に、本当の豊かさがある。

Gゼロの世界

2014年8月1日（金）

　ウクライナの上空でマレーシア航空機が撃墜される事件が起きた。上空1万メートルで民間機が地対空ミサイルによって撃ち落とされるなど想像だにしなかった出来事だが、命中から墜落までの間、せめて乗客・乗員が苦しまなかったことを祈るばかりである。

　先進国首脳会議を最近までG7と呼んでいたが、それにロシアが加わりG8となったのが1998年のこと。その後、新興国の急激な成長に伴い2008年からG20サミットが開かれた。中国の急速な成長により、米国との2国間関係をG2と呼ぶ向きもあるが、ここ最近の国際情勢、シリアでの内戦やイラクにおけるイスラム教スンニ派過激武装勢力「イラク・シリアのイスラム国」（ISIS）の進撃、イスラエルのガザ地区への侵攻、ロシアによるクリミア半島の併合などを見ていると、世界中の政治や経済が連動しながらも無極化の時代、すなわちG0時代を迎えた。そのすべてとは言わないまでも、主な要因の一つとして世界の警察官役を果たしてきた米国のスタンスの変化、すなわち内向き化を挙げることができる。

　2001年、米国の投資銀行ゴールドマン・サックスのエコノミストが、成長する新興国をその頭文字をとって「BRICs」と表現したが、本年7月には南アフリカを加えた5カ国首脳がBRICS開発銀行の設立を発表した。10年後、いや20年後に振り返った時に、このマレーシア機撃墜事件が歴史の転換点になっているかもしれない。

BRICs
B　Brazil（ブラジル）
R　Russia（ロシア）
I　India（インド）
C　China（中国）
S　新興国の複数形としてのs、またはSouth Africa（南アフリカ）

沖縄の負担

2014年8月26日(火)

　在日米軍普天間飛行場の移設先である名護市辺野古の沿岸で、ついに掘削作業が始まった。10年前の2004年にも新基地建設に向けて足場の設置が行われたが、市民らの反対抗議により中止された。驚きの報道を受けて私は辺野古へと向かった。8月17日のことである。

　海兵隊基地の一つであるキャンプシュワブの正門では、日本の警察と民間の警備員が市民らとにらみ合いを続ける。辺野古漁港へ回り込むと、海岸を遮るフェンスの向こうには米兵の姿が見えた。フェンスに付けられた移設反対を願う小さなリボンはすべて外されていた。沖合には黄色いフロートが設置され、それを取り囲むように何艇もの海上保安庁の巡視船が浮かぶ。そしてこの着工は地元の名護市長が海外出張しているタイミングで行われた。琉球政府の計画移民により、沖縄県出身者が南米ボリビアへ入殖して60年を祝う記念行事出席のためとはいえ、とても偶然とは思えない。

　その夜、大田昌秀元沖縄県知事は私にこう語った。「保守、革新を問わず基地反対の声は高まっている。日本の海上保安庁はカヌーや小さな漁船の取り締まりには慣れていない。強行して、ひとたび事故が起これば1970年のコザ騒動のようになるかもしれない」と。民意を無視してこの自然豊かな海を埋め立て、日本側の「思いやり予算」で新たな基地建設を強行する国のやり方には大いに疑問を感じる。なぜ沖縄だけに？構造的差別は続く。

語りかける大田昌秀氏

キャンプシュワブ
沖縄本島東側の国道329号を北上していくと辺野古崎のところで海兵隊の基地であるキャンプシュワブの真ん中を横断することになる。国道をはさんで海側が「キャンプ地区」、山側が「訓練地区」。両方で21km²におよぶ。実弾射撃訓練、部隊訓練、戦術訓練のほか、北側に広がる大浦湾では上陸訓練も行われている。キャンプ地区には司令部事務所、兵舎、銀行、診療所、郵便局、運動場、劇場、ボーリング場、娯楽施設等があり、北側には辺野古弾薬庫が隣接している。
[矢部宏治他『本土の人間は知らないが、沖縄の人はみんな知っていること』書籍情報社 より引用]

アートを巡る旅路

2014年9月9日(火)

　香川県出身の先輩に薦められ、7月の終わりに直島(なおしま)を訪れた。瀬戸内海に浮かぶ島々というと『二十四の瞳』の舞台となった小豆島が有名だが、直島は豊島(てしま)を挟んで小豆島の西側に位置する。

　高松港から直島の西側に位置する宮浦港(みやのうら)までフェリーで約50分。島内の野球大会に参加する小学生チームやクール宅配便のトラックなどと乗り合わせると、この船が観光のみならず生活航路であることを実感する。古くは三菱マテリアルの銅精錬所で栄えたが、現在はベネッセハウスを中心とするモダンアートの島として国内外からも注目を集めている。港の横にある巨大な赤と黒のカボチャには少々驚いたが、安藤忠雄氏の手がけた近代建築が過疎化の進んだ島の風景と上手に溶け込んでいる。3年ごとに開催される瀬戸内国際芸術祭もその落とし込みに一役買っているようだ。

　瀬戸内気候独特の暑さから逃げるように、安藤氏が手がけた地中美術館へと入り込む。迷路のような導入路を進むと自然光が織りなす光と影のスペースに引き込まれ、いつしか瀬戸内の島にいることすら忘れてしまう。中でも自然光のみに包まれたモネの「睡蓮」5点は必見。今年は瀬戸内海国立公園指定80周年。秋のひととき、光る海と輝く島々にその身を委ねてみては。

建国65周年を迎えて

2014年10月8日(水)

　この夏、2泊3日で中国・北京を訪れた。朝日大学と交流関係にある北京大学を訪問、本学から短期研修に来ていた学生諸君を激励した。空港から市内へと向かう車窓を眺めながら、街の中がきれいになったと感じた。五輪を境にして明らかに変わった。

　9月末には中国大使館主催による建国祝賀レセプションに出席した。10月1日の国慶節を前に、政財界をはじめ、教育や文化芸術等の分野で両国間関係の発展に寄与したおよそ2千人が一堂に会し、65周年を祝った。挨拶に立った程永華大使は、世界は大変革、大発展、大融合の新時代にあり、世界の多極化、経済のグローバル化が深く進んでいることに触れながら、流暢な日本語を交えて「中日両国は引っ越しのできない近隣であり『和すれば共に利し、闘えば共に傷つく』正反両面の歴史的経験と教訓が示したように、両国が長期に平和友好関係を保つことは双方の利益に合致し、アジアと世界の平和安定の維持に必要」とし、「中国側が両国関係を重視する政策に変わりはない」と語りかけた。知日家らしいメッセージに会場内は温かい拍手に包まれた。

　時を同じくして9月29日付本紙朝刊に程大使と杉山幹夫岐阜新聞社名誉会長らとの鼎談記事が掲載されたが、その中でも民間交流の大切さが語られている。人口13億人超、GDPも米国に次ぐ世界第2位の座にあり、中国は名実ともに大国となったが、いまだ国内外に多くの問題も抱えている。しかし、日中両国間が冷え込むことで利する者は誰か。そんな目で隣人を見直すことも必要だ。

挨拶する程永華大使

左から宮田淳朝日大学理事長、韓志強公使、筆者

情報化社会の光と影

2014年10月17日（金）

　今年もいくつかの結婚披露宴にお招きいただいたが、来賓の祝辞に耳を傾ける人が減っているように感じる。若者諸君は早々にスクリーンを下ろして、思い出の写真を投影したり、動画メッセージを流したり。言葉の重みが減ってきたのだろうか。学生の講義でも同じことを感じることがある。

　1990年代、パソコンの普及に伴いプレゼンテーションソフトを用いた発表が主流となった。2000年代以降、そのプレゼン内容を補完してくれる素材がネット上から簡単に入手できるようになり、より高度な「紙芝居」へと進化した。時期を同じくしてネットの利用法も変貌を遂げた。ホームページからブログ、ツイッター、フェイスブック、また、YouTubeへと広がり、政治家もニコニコ生放送と呼ばれるライブストリーミングを活用するようになった。最近は6秒動画 Vine の利用者も増えていると聞く。スマートフォンを手に誰もが発信者になり得、送り手と受け手がともに6秒という刹那的なショートビデオに酔う。

　若者は新聞を読まない、活字離れ、テレビからネットの時代と言われて久しいが、ネットニュースのヘッドラインだけを読んですべてを理解したような顔をする。文字よりも写真、動画に吸い寄せられる。その一方で彼らは日々携帯、メール、Line 等を駆使しながら膨大な情報量から瞬時に選別するという能力を身につけていく。広く浅く。情報の受容体が明らかに変容している。

水俣・岐阜展

2014年10月28日（火）

　来たる11月22日から30日まで、岐阜市民会館において水俣病に関する展示会が開かれる。東海地方では名古屋での開催以来12年ぶり、岐阜では初めてとなる。期間中には被害者による講演会やドキュメント映画の上映も企画されている。

　なぜ今、水俣病なのか。その歴史を紐解くと、国の経済発展を優先して自然環境、そしてそこに暮らす人々の健康やコミュニティをも破壊してきた道程が見えてくる。すでに水俣病の公式認定から58年が経過したが、国はいまだ被害者の全体調査をしようとせず、水俣病の全貌を正確に把握する努力を怠っている。その一方で今年に入り、原因企業であるチッソが子会社の株を売却する際に株主総会の議決を経なくてもよいとする会社法の例外規定を認め、チッソの事業再編による幕引きを急ぐ。

　私たちは、安全と言われた福島第一原発事故を経験し、水俣病事件と同じ図式を見ることとなった。廃炉までの道のりすら見えぬ中で、再稼働の議論まで湧き起こる。イギリスの学者E・H・カーは「歴史とは、現在と過去との間の尽きることを知らぬ対話である」と語った。ここ岐阜で開催される水俣展に、一人でも多くの方に足を運んでいただき、自分の眼で見て、被害者の声を聞き、感じていただきたい。

水俣・岐阜展

式典にて祝辞を述べる筆者

水俣病 − 被害者は語る

2014年11月18日(火)

　代々網元の家に生まれ祖父母、両親が水俣病認定患者の杉本肇さん（53）はこう語りかけた。生活が一変したのは小学2年の時。漁から帰ってきた祖父が手足を震わせ「寒い、寒い」と言って布団の中にいる。病院へと運ばれたがその2週間後に劇症型で亡くなった。あんなに元気だった祖父がなぜ死んだのか？　その時初めて水俣病というものを知り、自分の体の中に水俣病というものがあるということを意識した。

　朝起きると、特に母の具合の悪い日がある。発作が起こると1〜2カ月間寝込むこともあった。そんな日は学校へ行っても母のことが心配で。遠く水俣市内から救急車の音が聞こえてくると、「お願いだからうちには行かないでくれ」と胸が詰まる思いで祈った。小学5年の時両親が同時に入院した。僕たち兄弟5人だけで3カ月間を過ごしたが、長男として相談する人もいない。水俣は被害者と加害者の町で、被害者側というだけでバカにされるんじゃないか、差別されるんじゃないか、弟がいじめられるんじゃないか、そんなことばかり想像した。

　ある日、弟たちが手に湿布薬を貼っていることに気付いた。水俣病の両親にとっては大事な湿布薬。どうして救急箱から出して勝手に使ったのかと問い詰めるとわっと泣き出した。湿布薬はかあちゃんのにおいがする、と。水俣病被害者にもそれぞれの生活があった。22日から岐阜市民会館で開催される水俣・岐阜展にぜひ足を運ばれ、被害者の声を聞いてほしい。

筆者次男と杉本肇氏

Cape of Good Hope

2014年11月28日(金)

　その国の民は自国のことをレインボーネイションと呼ぶ。11の公用語を持つが、歴史的には大航海時代を経て1600年代にオランダ人が補給基地として入植。19世紀にはイギリスの植民地となった。国際的に批判の強かった人種隔離政策「アパルトヘイト」関連法を廃止し、ネルソン・マンデラ氏が大統領に就任し初の民主化を果たしてから今年で20年を迎えた。

　東京の南アフリカ共和国大使館の紹介を受けて8月末にケープタウンを訪れた。筆者にとっては初の南ア訪問、いや初のアフリカ大陸上陸となった。日本から実質19時間のフライト。さすがに遠くまで来たと感じたが、待っていたのは豊かな自然、美味しい食事と特産のワイン、南アのなかでも比較的良好な治安。あっという間の1週間を過ごした。ケープタウンから南へ車で約2時間。国立公園の中を走り抜け喜望峰に立った。その知名度のわりに、周囲はなぜか意外と寂しかった。

　この喜望峰よりもさらに南側、ケープポイントと呼ばれる岬に観光客は集まっていた。南を向いてこの地に立つと眼下右手に大西洋。左手にはインド洋。海の色も、波の立ち方も異なり、まさに突端まで来たことを実感する。しかしガイドは教えてくれた。アフリカ大陸の最南端はここ喜望峰ではなく、ここから東へ約150キロに位置するアガラス岬だと。ホテルに戻りあらためて地図を見直して、納得。

正確には
アフリカ大陸の最南西端

南極にもこんなに近い

グルメの旅－南アフリカ

2014年12月8日（月）

　この夏、仕事で南アフリカ共和国のケープタウンを訪れた。西アフリカ地域でエボラ出血熱が流行する中での出張を危惧する声もあったが、無事帰国すると各方面より「どんなものを食べていたか」という質問を受けたのでその一端をご紹介する。

　まずはシーフード。大西洋とインド洋という二つの大海に恵まれ新鮮な素材が並ぶ。皿からはみだすほど大きなクレイフィッシュ（ロブスター）、草鞋（わらじ）サイズのアワビ、新鮮な牡蠣（かき）は定番。どれも日本産よりやや大味な感じだが、そう思って日本で食べている海産物も実はその多くが外国産かもしれない。その横には南ア産のワインが食卓を飾る。ケープタウンから東へ車で約1時間走ると、地中海性気候のなだらかな丘にワイナリーが広がる。ワイン造りの歴史はなんと約350年。オランダ東インド会社がブドウの苗木を運んだことに始まったという。

　食後にはルイボスティーをお薦めしたい。ケープタウンの北、セダルバーグ山脈一帯だけに自生し「赤いブッシュ」とも呼ばれる低木の葉のお茶で、ノンカフェイン、美容健康にも良いとされる。渡航中、食あたりをせぬように、事前にわが村上記念病院で肝炎の予防接種を打って行ったが、1週間の旅で筆者の体重は1キロも減ることはなかった。

アーニー・エルス氏が経営するレストラン「Big Easy」

ワイナリー「ASARA」のオーナーに招かれて

伝説のラクビープレイヤーチェスター・ウィリアムス氏と

2015年

戦後70年という節目に

2015年1月15日（木）

　年末に行われた衆院選は事前の予想通り与党の圧勝で幕を閉じた。あの選挙は何だったのだろうか。安倍首相はアベノミクスへの評価を争点に挙げたが、それを援護射撃した2発の"黒田バズーカ"のつけは必ず回ってくる。多くの検証を見ても、国民は与党の公約すべてを支持したわけではなく、ここに現行の民主主義制度の限界を見る。

　定数削減も十分に果たされぬまま、外遊直前の昨年11月9日付の某全国紙朝刊に他紙を抜いて「増税先送りなら解散」の文字が躍り、筆者は目を疑った。北京でのAPECを皮切りにミャンマー、豪州と回り各国首脳と会談した首相は、特に経済政策について多くの約束事をした。その帰国直後の解散では、国際的に見てもリーダーとしての資質が問われる。

　猫の目首相、決められない政治と揶揄された時代に比べれば安定政権は大いに結構。しかし、今年はアベノミクスだけでなく、あらためて集団的自衛権や原発再稼働、特定秘密保護法、沖縄の基地問題など、これからの国の根幹に関わる重大な問題が並ぶ。首相は祖父岸信介元総理への思いが強いとも言われるが、われわれは戦後70年という節目の年に日本国の足元を、そして隣人を見つめ直す機会としたい。

センター試験を終えて

2015年2月2日(月)

　さる1月17、18日に大学入試センター試験が行われた。県内ではわが朝日大学を含む12会場で実施され、志願者数は8644だった。いよいよ入試シーズンに突入。日頃の成果を十分に発揮してほしいと願うばかりである。

　受験生、そのご家族のプレッシャーほどではないが、独立行政法人大学入試センターから実施・監督を依頼されたわれわれも、かなりの緊張感に包まれる。全国690会場で不公平のない受験環境をつくり出すのはそう簡単ではない。監督要領、試験実施上の留意点、試験直前及び当日の留意点、リスニングの監督業務上の留意点、障害等のある方への配慮案内など、実施マニュアルを積み上げると電話帳以上の高さになる。解答用紙が鼻血で汚れた場合にはどうするか、休憩時間中に受験票を紛失したらどう対応するか、などの個別事案についても細かな指示がある。マニュアル通り進められなければ受験生が不利益を被りかねず、想定外の事態が起きた場合には大学入試センターへその都度問い合わせて指示に従うこととなる。

　筆者も共通一次試験世代。電気通信大学で受験したが、試験会場が寒かったこと、母親が持たせてくれた弁当が美味しかったことだけは覚えている。もちろん結果も寒かった。2020年度から思考力や判断力を多面的に評価する新しいタイプの試験制度の導入が検討されているが、どの時代においても努力した者が報われる制度であってほしい。

新たな空間の創造

2015年2月9日（月）

　図書館というと飲食禁止、お静かにというイメージだが、近年新しいタイプの図書館が増えていると聞き、長崎での国体視察の合間を縫って佐賀県の武雄市図書館を訪れた。

　御船山(みふねやま)を背にして、緩やかな楕円(だえん)を描いた石畳のアプローチが来る者を歓迎する。建物内部はウッドを基調として天井や側面から巧みに自然光を取り込む。市立図書館と蔦屋書店が合体し、図書の貸し出しだけでなく、雑誌・書籍の販売、映像や音楽レンタルサービスも提供。館内の一等地にはスターバックスコーヒーが陣取り、購入した飲み物はすべての閲覧スペースで楽しむことができる。訪れた日は祝日であったが、2階の学習室は学生や社会人で満席。カウンター席にはコンセントが完備され、パソコンやスマホを使いながら学習する姿も見られた。

　仕掛け人の樋渡啓祐前市長はある雑誌のインタビューで「顧客目線で気持ちのいい空間にすること」と語った。閉館時間の延長や本の新しいジャンル分けだけでなく、ここで働く人が皆、白と黒を基調とした制服を身につけて丁寧に対応してくれることも公立図書館のイメージ一新に一役買っている。東京・代官山で得たノウハウを地方都市でも遺憾なく発揮している蔦屋は、ただの書店という業態にとどまらず、Tポイントカードを通じた巨大な消費者情報の収集にも積極的。今夏開館予定の岐阜市のメディアコスモスが創り出す空間にも大いに期待したい。

武雄市図書館

住民投票

2015年3月6日（金）

　興味深い住民投票が行われた。まずは埼玉県所沢市。航空自衛隊入間（いるま）基地に近い小中学校にエアコンを設置するかどうかを問い、賛成が反対を上回り過半数を占めた。市の条例は賛否いずれかが有権者の3分の1以上に達した場合に住民投票の結果を重く受け止めるよう市長に求めることとなっているが、投票率自体が3分の1を下回った。中学校の保護者が中心となって住民投票条例を市長に直接請求。条例案は昨年12月の市議会で可決されたが、そもそも子どものいない世帯や、すでに子どもが中学校を卒業した世代には関心の薄い問題ではなかったか。市議会が十分に機能したのか疑問が残った。

　日本の最西端にある与那国島では陸上自衛隊の部隊配備を問う住民投票が行われ、賛成が約6割を占めた。投票率は85％超。人口流出と過疎化対策として自衛隊による人口増と防衛予算による町の活性化を選択する結果となった。沖縄県の市町村において基地建設に前向きな住民意思が示されたのは初めてのことだが、注目すべきは中学生以上の未成年と永住外国人にも投票権が与えられたことだ。

　住民投票では地域の重要な問題について住民が直接意思を表明できる。投票結果に法的拘束力はないが、選挙で選ばれた首長や議会の判断に影響を及ぼす。イギリスの法学者ブライスは「地方自治は民主主義の学校である」と表現したが、住民参加や住民と自治体の協働という面でも大切にしたい制度である。

2019年沖縄県民投票に異論を唱える中山義隆石垣市長（左）

フェンスとフロート

2015年3月23日(月)

　この沖縄の海を追い続けて6年目になる。この間、美しい辺野古沿岸部は米軍普天間基地の移設問題に再び揺れた。辺野古漁港から連なる砂浜にはフェンスが建てられ、米軍海兵隊による「警告」と赤字で書かれた看板が取り付けられた。それを囲むように、移設反対を祈って結われた黄色いリボンが潮風に揺れている。

　大浦湾全体を見渡すため対岸のカヌチャリゾートに立つ。埋め立て予定地の周囲が臨時制限区域に指定され、湾内にオレンジ色のフロートが浮かぶ。それを取り囲むように5隻の海上保安庁の船が監視を続ける。フロートは寄ろうとする者を遮り、豊かな自然環境をも遮断する。

　内地では、翁長雄志知事が上京しても総理や官房長官が会わないという記事ばかりが話題に上るが、就任から3カ月。早くも、知事の反基地への対応の遅さを指摘する声があがっている。翁長氏は自民党沖縄県連の元幹事長。那覇市長を経て、基地反対を旗印にオール沖縄の結集を訴え当選を果たした。多くの点で内地の保守と沖縄の保守を同一の次元で語ることはできないが、沖縄保守であった知事が基地問題とどう取り組むのか。ごねれば沖縄振興という名の補助金が転がり込む「アメとムチ」の構造から本当に脱却、転換できるか？　お手並み拝見といったところだが、その間にも沈められたコンクリートブロックと、フロートとをつなぐ太い鎖が海底のサンゴを壊してゆく。

反基地を訴える横断幕

リボンに込めた願い

取材ノート

　かねてより高等学校訪問等で沖縄県内を回る機会も多かった。そんな中で、辺野古への基地移設問題について、現地での取材を開始したのは2010年のことであった。那覇市内に滞在し、レンタカーで一路、名護市辺野古へ。沖縄自動車道を走り、宜野座インターチェンジで降りて、国道329号線を北上。辺野古区事務所から海岸線に出ると、辺野古漁港に到着。渋滞がなければ片道1時間程度の旅である。この漁港を境にして、北東側に米国海兵隊の基地であるキャンプシュワブが広がる。

2010年7月

座り込みテント

基地との境界線

取材ノート

2011年3月

座り込みテント

新たにコンクリート境界を建設中

工事は海の中まで進められる

米国海兵隊施設を示す標識

2012年8月

完成したコンクリート境界　海まで広く延びている

左手奥の森の中には監視カメラが設置されている

米国海兵隊施設を示す標識

2014年7月

　2014年7月、政府は本格的な新基地建設工事を開始した。埋め立てに関する工事は現在のところ辺野古漁港側からは確認できず、大浦湾を挟んで東側に立地する「カヌチャリゾート」内のフロント棟から見ることができる。

取材ノート

2015年 2月

コンクリート境界
定期的な清掃が行われている

大浦湾対岸から見たキャンプシュワブ
工事用重機が入り、湾内にはオレンジ色のフロートが設置されている

キャンプシュワブ前にテントを張って
抗議を行う移設反対派

2015年11月

フェンスには、新たに埋め立て工事区域を
明示した掲示が貼られている

カヌチャリゾートから見たキャンプシュワブ

反対派のメッセージが風に揺れる

2017年2月

　宮古島市役所を訪問。朝日大学学長として下地敏彦市長を表敬訪問した。市長とは、市政が抱える課題、市内のスポーツ振興、大学との協働プロジェクトの実現性に関する意見交換を行った。

取材ノート

2019年2月

　2019年2月24日に行われた『普天間飛行場の代替施設として国が名護市辺野古に計画している米軍基地建設のための埋立ての賛否を問う県民投票』では、投票率52.48％、反対票が72％を超えて43万4273票に達した。

　この投票と比較されるのが、1996年9月に行われた在沖米軍基地の整理・縮小と日米地位協定の見直しを求めた県民投票である。この時の投票率は59.53％であった。時の政権は橋本龍太郎首相。県知事は革新系の大田昌秀氏。大田氏は晩年、筆者に対してこのように語った。「橋本総理は沖縄の思いをよく理解してくれた。われわれは話し合うことで歩み寄れた」と。橋本総理の七回忌に出版された追悼文集『政治家橋本龍太郎 - 61人が書き残す』（文藝春秋企画出版部、2012年）には、久美子夫人からの依頼もあって寄稿した、とも。

　2019年2月の県民投票の結果を受けて地元紙は「民意尊重他県と同等に」、「民主主義きっちり機能」と評した。一方、2019年2月26日付読売新聞「論点スペシャル - 沖縄県民投票どう見る」において、元防衛相森本敏氏は「県民投票に当初不参加を表明した宮古島、石垣両市に注目したい。両市は中国軍の活動が活発化している海空域に近く、漁業との関係においても中国の海洋進出を身近な問題として感じやすい。投票率は宮古島が38％、石垣が45％と低かった。（一部略）」と論じたが、筆者はこの主張には違和感を覚える。

	投票資格者数	投票者数	投票率	投票総数 (不受理等を除く)	反対	反対率
県全体	1,153,600	605,396	52.5％	605,385	434,273	71.7％
石垣	38,398	17,138	44.6％	17,138	12,165	71.0％
宮古島	43,712	16,820	38.5％	16,820	12,057	71.7％

《沖縄県発表：県民投票投開票情報最終確定（3月1日）より》

　石垣、宮古島両市の投票率は、県全体と比較し確かに低値であるが、投票総数に対して反対票を投じた者の率は県全体とほぼ同率と見ることが出来る。もしも両市の市民が日々の生活のなかで隣国中国からの安全保障上の脅威を感じているのであれば、賛成票の率が上回るはずである。

　県民投票自体に当初、異論を唱えた石垣市中山義隆市長は、2010年の初当選以降、尖閣諸島への上陸申請をしたり、石垣島への自衛隊配備受入れなど、保守系の首長としてのパフォーマンスを貫いている。その対価とも言うべきか、経済振興

の視点では、2013年3月に新石垣空港が新築移転し従前よりも大型機の離発着が可能となり、また大型クルーズ船の寄港を可能にした港湾整備が進み、国内外からの観光客の受入れキャパシティが増加。とくに台湾からのインバウンドが増加するなど、成果を挙げている。

　同様に異論を唱えた宮古島市下地敏彦市長も2009年の市長就任以降、保守系首長として宮古島への陸上自衛隊配備を訴えて、選挙戦を勝ち抜いた。地域振興の視点では、2015年に開通した伊良部大橋（無料橋として日本最長）、また宮古島・伊良部島に隣接する下地島における「みやこ下地空港ターミナル」の開設など、いずれも保守系でなければ進められなかったであろう大型公共工事が行われ、一定の経済効果を生んでいる。

　その一方で、この両市に共通する点として、在日米軍基地の影響がほとんどないことを忘れてはならない。2017年3月末現在、陸地面積に対する米軍基地面積の割合は、沖縄県全体で8.3%（嘉手納町では82.0%にもおよぶ）に対して、宮古島市では0%、石垣市ではわずか0.4%である。石垣市における米軍基地は、黄尾嶼射爆撃場（別名久場島）、赤尾嶼射爆撃場（別名大正島）のことで、いずれも石垣本島からおよそ150km離れた無人島であり、かつ1979年以降、両射爆撃場で在日米軍による実質的な訓練は行われておらず、基地の直接的な影響は石垣、宮古島両市にとってないに等しい。

　埋立てに反対なのか？　多くの沖縄県民の思いはそれ以前の議論として「もう基地は、ない方がよい」と、筆者は理解している。「移設をしなければ、住宅が密集し、世界一危険と言われる普天間基地の返還はない」という主張とは、根本的に相容れない部分があることを認識すべきである。

雨の日も交差点に立ち続ける「宮古島まもる君」

島民と筆者の肝臓を守る栄養ドリンク「マモルくん」

メルケル首相

2015年4月9日（木）

　先月、ドイツのアンゲラ・メルケル首相が7年ぶりに来日。幸運にも都内で開かれた講演会に出席する機会を得た。鮮やかな水色のスーツを身に纏（まと）い、笑顔で手を振りながら入場してくる第一印象は、親しみやすい「おばちゃん」。

　講演ではまず1873年のこの日、あの岩倉使節団がベルリンに到着したことに触れ、以来両国が経済、学術、そして文化・芸術など幅広い分野で交流していることを紹介。戦後処理についてドイツはナチスの蛮行、ホロコーストといった過去ときちんと向き合ったと述べ、また欧州全体が数世紀にわたる戦争から多くのことを学び、特にドイツの隣国であるフランスの寛容さがなければ和解はなかったとも語った。

　敗戦国、戦後復興と70年という節目、技術立国、脱原発と再生可能エネルギーといったキーワードから常に比較される両国だが、筆者も友人からは「非国民」と揶揄（やゆ）されながら、もう20年以上、ドイツ車に乗っている。今回の来日中、日本の歴史認識と原発政策に対して踏み込んだ発言があったと批判する向きもあるが、今やEUのトップランナーとして環境、エネルギー問題、女性の社会進出、移民政策や格差社会の解消などに勇敢に挑む彼女の政治姿勢には学ぶべき点も多い。会場を後にするころには「おばちゃん」のイメージは消え去り、世界をけん引する強い女性リーダー像が私の心に焼き付いた。

8年目の挑戦

2015年4月28日(火)

　プロテニスの国際大会「カンガルーカップ国際女子オープンテニス2015」が岐阜市・長良川テニスプラザで始まった。西濃運輸がメインスポンサーとして四半世紀以上にわたり本大会をサポートしてくださっているが、昨年から賞金総額が7万5千ドルとなり、日本で開催される女子サーキットの中で4番目の規模へと昇格した。今年は、あのクルム伊達公子選手が戻ってきた。

　引退から11年のブランクを経て2008年、この大会から再出発し、シングルス準優勝、ダブルス優勝という華々しい成績を残して再び世界へと飛び出した。県テニス協会の岩崎彌廣理事長は「18歳でプロデビューし7年半の現役生活を過ごし、26歳で引退した。今年で44歳。再出発からなんと8年目を迎える」と驚きを隠せない。

　24日夕刻に岐阜入りした彼女はこう語った。「コロンビアでの大会から10日前に帰国しました。標高2640メートルの首都ボゴタからサンサルバドル、シカゴを経由して東京まで24時間以上かかりました。まだ少し時差ボケかな」。横顔を見ていると歳を重ねるほどに輝きを増していると実感した。その笑顔とは裏腹に肩などに故障を抱え、まさに満身創痍。しかし必ずや見る者に感動を与えてくれる。古田肇知事も応援団の1人。今週は天候にも恵まれると聞く。ぜひ、足を運んで筆者とともに感動を共有してほしい。

カンガルーカップ2015歓迎レセプション

クルム伊達公子選手と

グラバー園を歩く

2015年5月29日(金)

　世界文化遺産への登録を目指している「明治日本の産業革命遺産」について、ユネスコの諮問機関イコモスが世界遺産に登録することがふさわしいとする勧告を行った。5月の連休に、そのうちの一つである長崎県の旧グラバー住宅にも多くの観光客が訪れた。

　日本の産業に貢献し新しい時代への扉を開いた長崎居留地の人々。その中心的人物であったトーマス・ブレーク・グラバーはスコットランド出身で、1859年、安政の開港と同時に来日しグラバー商会を設立。造船、採炭、製茶貿易等を通じてわが国の近代化に貢献。また、幕末には薩摩藩士らの英国留学を支援した。三菱の2代目社長であった岩崎弥之助は兄の弥太郎とともに終生グラバーと交友を続け、相談役として三菱に招いた。立ち並ぶ洋館と整備された庭園内に身を置くと、100年の時を超え、西洋の学問を志しここに集った日本の若者たちの抱いた夢と希望が筆者の頭をよぎる。

　少し足を延ばせば、グラバーが佐賀藩と共同で開発した高島炭坑、グラバーと薩摩藩によって建設された小菅修船場の跡、そしてグラバー園から見下ろす位置には長崎造船所のジャイアント・カンチレバークレーンなど、グラバーゆかりの遺産の数々も見て回ることができる。個人的にはカステラも捨てがたいが、長崎角煮まんじゅうと麦焼酎「壱岐」がお薦め。

うりずんの雨

2015年6月24日（水）

　6月23日、沖縄は「慰霊の日」を迎えた。沖縄戦終結の日として知られているが、これに異論を唱える向きもある。追い詰められた第32軍牛島満司令官が「最後まで戦うように」との軍命を出して自決したのは前日22日であったという説が有力である。

　この慰霊の日を前に公開された「沖縄うりずんの雨」と題するドキュメンタリー映画を見た。うりずんとは潤い初めが語源とされ、草木が芽吹く3月ごろから沖縄が梅雨入りする5月ごろまでの時期を指す。70年前の4月1日から始まった沖縄での地上戦がうりずんの季節と重なり、この時期になると当時の記憶から体調を崩す人もいるという。作品を通じて多くの証言が沖縄戦の当時と今をつないでいくが、それぞれの言葉に真実の重みを感じる。1995年米兵による少女暴行事件が起こり、基地の整理縮小と日米地位協定の見直しを求める島ぐるみ運動へと広がった。その共犯者の一人を追ってカメラは故郷のジョージア州へいく。元海兵隊員が事件を振り返る姿は衝撃的で、言いようのない嫌悪の情をもよおした。戦中・戦後を通じて女性への性的被害や米軍内での性暴力の現状をこれほど追及した映像を筆者は初めて見た。

　公開初日、米国人監督ジャン・ユンカーマン氏はこう語った。「3年間の取材中、沖縄戦で亡くなった24万余人の名前が刻銘された平和の礎に何度も通い、そのたびに犠牲者の顔が浮かんで涙が出た。その魂を呼び起こす映画になっていれば」。観賞後にがっちりと握手を交わした監督の両手は温かかった。

公開初日に熱い想いを語る
ユンカーマン監督

朝日大学で筆者と対談する監督

春の風

2015年6月30日(火)

　中華人民共和国駐日本大使館の韓志強公使の離任に伴う歓送迎会が同大使館内で開かれ出席した。一昨年、韓公使を朝日大学へお招きして特別講演会を開催して以来のご縁だった。

　3年11カ月の任務を終えた韓公使は「着任した時は中日国交正常化40周年を祝う諸行事の準備に追われたが、その直前に不幸な事件が起こり、両国関係は大変厳しい状況に陥った」と振り返った。しかし、昨今の状況を「確実に暖かい春の風が吹き始めている」と流暢な日本語で表現し、帰国後も両国友好の懸け橋役となることを誓った。日本側代表であいさつに立った外務省の伊原純一アジア大洋州局長は「韓公使とはまさに戦友。日頃使わないような『厳重に抗議する』といった言葉を使わねばならない関係にあったが、外交官というものは互いの国益を優先するためやむを得ない。しかし心の中では通じ合うものがあった」と述べ、苦労のほどが忍ばれた。

　党派を超えた国会議員や経済界からも多くの出席があり、韓公使の活躍ぶりを示す会合となった。後任には劉少賓公使が着任したが、彼も知日家のひとり。両国間に新しい扉は開くか、大いに期待したい。

離任する韓志強公使(中央)

智将眞鍋政義

2015年8月5日(水)

　女子バレーボールといえば、やはり「東洋の魔女」を思い浮かべる読者は少なくないと思う。1984年のロサンゼルス五輪での銅メダルを最後に低迷を続けていた全日本チームだが、2009年度に眞鍋政義氏が監督に就任。3年後のロンドン五輪では見事、28年ぶりの銅メダルを奪取した。

　眞鍋氏は6年間を振り返り、こう語った。当初はとにかく世界の「高さ」に競い負けぬよう身長の大きな選手を探していたが、バレーボールはボールが床に落ちなければ負けない競技であると考え直し、男子選手の放つ強烈なスパイクを拾うレシーブ練習を徹底した、と。コートではiPadを手にして指示する姿が印象的だが、あの画面にはベンチ外にいるアナリストが試合中に入力、蓄積された各選手のデータが並んでいる。印象ではなく、客観的データを選手たちと共有することでゲームの流れを可視化した。

　安倍政権も女性の活用を掲げるが、監督はチームを一つにする女性マネジメントについて、目標を明確にすることでのポジティブ・スパイラルが大切だと語る。リーダーシップのポイントは選手と目線を同じにし、情熱をもって世界観を語ること、そして発言とどのように行動を一致させるかだと断言する。いよいよ来年はリオ五輪。智将の下でどのように東京五輪へとつなぐのか、期待は高まる。

眞鍋政義氏(左)と筆者

眞鍋政義氏
1963年兵庫県姫路市生まれ。大阪商業大学卒。新日本製鐵でセッターとして1年目から活躍。1988年ソウル五輪に出場。1993年より新日本製鐵で選手兼監督を務めチームを優勝へと導く。現役を引退後、2005年より久光製薬スプリングスで女子チームを指揮し、その手腕を評価され、2008年から2016年まで全日本女子チームの監督を務めた。2012年ロンドン五輪では28年ぶりの銅メダルを獲得。2016年リオ五輪にも出場を果たした。朝日大学客員教授。

あの頃へ

2015年8月26日(水)

　伝説のロックバンド「レベッカ」の再結成ライブのチケットを手に入れ、妻と横浜アリーナへ駆けつけた。NOKKOという個性的な女性ボーカルを擁して、1980年代後半を疾走し91年、突然解散した。50歳を過ぎた彼らがどの程度のパフォーマンスを発揮するのか注目されたが「昔、表現しきれなかった曲たちをやります」と宣言し、全18曲を披露。1曲目から立ちっ放しであったわれわれの方が先にダウンするほどの高いテンションで見る者をあの時、あの場所へと引き戻した。

　バンドの再結成にはさまざまな障壁が立ちはだかる。過日、70歳を過ぎて再来日を果たし健在ぶりを披露したポール・マッカートニーだが、ジョン・レノン、ジョージ・ハリスンの死去によりビートルズの復活を見ることはない。フレディ・マーキュリーというシンボリックなボーカルを失ったクイーンや、ジョン・ボーナム亡き後のレッド・ツェッペリンでも真の再結成を見ることはもうない。

　同じ80年代を駆け抜け、その後のJ-POPシーンに大きな影響を与えた伝説のバンドとしてBOØWYが挙げられる。こちらはボーカル氷室京介自身の体調不良による引退も囁かれているが、解散ライブとなったあの「LAST GIGS」をもう一度見たいという向きも多いのでは。

歴史的勝利

2015年9月25日(金)

　ラグビーのワールドカップイングランド大会が開幕。世界ランキング13位(当時)の日本が、同3位(同)で大会優勝候補の南アフリカを撃破、歴史的な勝利をあげた。日本ラグビーにとって24年ぶり、ワールドカップ2勝目となる。

　筆者はこの試合を、南アフリカ共和国モハウ・ペコ大使の招きで、東京の大使公邸で観戦した。両国関係者約80人が同国産ワインと肉料理を囲み、和やかな雰囲気の中、キックオフの笛が響いた。体格差を物ともしない日本選手の低いタックル、スクラムからの早い球出しなど、日本の堅いディフェンスに阻まれ、試合展開は一進一退。五郎丸歩選手のキックが決まるたびに、筆者よりも体の大きい南ア人からため息が漏れる。終了前5分で3点差を追いかける日本の攻防に興奮は頂点に達する。「JAPAN」コールが湧き上がる中、敵陣ゴール前5メートルで、同点引き分けを狙わず貪欲に勝利を求める日本チームに、最後のワン・プレイで逆転トライという格別なご褒美が届いた。

　紙面をお借りしておわびを申し上げねばならないが、筆者の事前予想は6対80で日本の大敗。南アにとってナショナルスポーツであるラグビーでの敗北に落胆しながらも、ペコ大使からは「おめでとう。日本の勝利を心から祝福する」とのメッセージを頂戴した。ゲームが終わればノーサイド。これも大切にしたいラグビー精神の一つ。ラグビー経験のある筆者にとって眠れない日は続く。

ペコ駐日大使と共に応援
南アフリカ大使公邸にて

ラグビーワールドカップ
4年に一度、開催される国別対抗の世界選手権大会。夏季オリンピック、FIFAサッカーワールドカップに次ぐ、世界3大スポーツ祭典と呼ばれている。世界でのべ40億人が視聴するスポーツイベントで、1987年に第1回大会が開催された。第8回大会は2015年にイングランドで開催され、ニュージーランドが34対17で宿敵オーストラリアを倒して、3回目の優勝を果たした。第3位は南アフリカ共和国。第9回大会は2019年9月より日本で開催される。

久しぶりの訪米

2015年10月10日(土)

　テキサス大学との交流のため、米国を訪れた。往路はロサンゼルスを経由してテキサス南部に位置するサンアントニオへ。復路はサンアントニオからフェニックス、サンフランシスコと国内線2本を乗り継いで帰国したが、久しぶりの訪米で気付いたことがある。

　一つは米国の国内線の出発時刻がよく遅れること。使用機の到着遅れが主因だが、背景にはいかに航空機を効率よく使い回すかといった航空会社の台所事情が垣間見える。出発時刻の変更に伴い搭乗ゲートも適宜変わるため、ラウンジでのんびりと待つわけにもいかない。旅慣れた人からも、復路の最後に国際線に乗る際には、十分な乗り換え時間を見込んだ方が安心、との助言を頂戴した。

　次にとにかく肥満の人が多いこと。いや多すぎる。県レスリング協会の丸山充信会長も同時期にラスベガスを訪れ、同様のことを感じたという。飲食店の腰掛けから大きく左右へとはみ出したお尻。背中を丸めて頬張る姿を後方からのぞき込むと、テーブルいっぱいに巨大ハンバーガーやピザ、フライドポテトが並ぶ。人種や体質の違いはあるが、やはり生活習慣病が気になる。腰や股関節への負担も心配だ。そういう筆者もあと5センチ、胴回りを減らさねば。

グレーター・チャイナ

2015年11月11日(水)

　米国から帰国して1週間後、中国を訪れた。朝日大学の交流校である北京外国語大学の学長との懇談や、西安市の第四軍医大学創立80周年記念式典への出席など、実りある4日間を過ごした。

　今回の訪問で、北京市民が全体的に豊かになったと気付いた。中国バブル崩壊、景気減速とニューノーマルといった報道も目にするが、市民生活は確実に向上し、食事や衣服、装飾品の類いを見ても資本主義国並みの感がある。以前は日本で「経営管理を学びたい」という学生も多かったが、最近は健康や環境問題、持続可能な社会づくりを語るようになった。若い人なりに、早すぎる成長に危機感も感じているようだ。

　経済発展とともに自転車の数はさらに減った印象だが、慢性的な交通渋滞は頭痛の種。北京市内は曜日によってナンバープレートの末尾番号を用いた車両規制を行っているものの、幹線道路には自家用車やバイクなどがあふれかえる。信号を無視して車道を横断する歩行者も後を絶たない。その心は「みんなで渡れば怖くない」だそうだ。鳴り響くクラクション、大声でわめきながら幅寄せをしてくるドライバー、そんな喧騒が大中華圏の活力かもしれない。

北京外国語大学との協定締結

第四軍医大学を訪問

泡盛とともに

2015年12月11日(金)

　11月16日付本紙「焼け跡から泡盛復興」という記事を読み、あらためて沖縄戦の激しさと、伝統文化を守りつないだ先人たちの努力に敬服した。

　泡盛は、長く寝かせて熟成させることで、まろやかな風味のお酒となる。3年以上寝かせた泡盛はクース（古酒）と呼ばれ、沖縄戦までは300年以上の古酒もあったという。熟成には仕次ぎという手法が用いられる。まず上質の古酒である親酒（アヒャー）を求める。次に2番手から5番手までの古酒を用意し、それぞれかめに貯蔵する。親酒をくみ出したり自然蒸発した分だけ、2番手のかめから酒を補う。2番手の不足分を3番手から、と順番につぎ足し、親酒の風味を保っていく。

　戦争で沖縄の酒造所と貴重な甕古酒（かめくーす）のほとんどが破壊されたが、沖縄県が本土復帰した1972年に開業した居酒屋「うりずん」の店内には、今も多くの甕古酒が並ぶ。本学職員に紹介され、初来店したのは4年ほど前。戦後の復興とともに誕生し、当時の姿を色濃く残す栄町市場商店街の入り口に位置する。名物料理はドゥル天と呼ばれる沖縄産芋のコロッケ。琉球料理とともにぜひ古酒をお楽しみいただきたい。

うりずん 1972年開業の居酒屋・沖縄料理店
沖縄県那覇市安里388-5

2016年

高大接続改革

2016年3月9日（水）

「2020年問題をどう考えるか」。同窓会で出会った友人から質問を受けた。彼は塾経営者として、現行の大学入試センター試験に替わり同年からの導入が検討されている「大学入学希望者学力評価テスト」に注目している。

国際化や情報化の進展に伴い、新たな価値を創造する力を育てることを目的に、学力の3要素、つまり ①知識・技能の習得 ②思考力・判断力・表現力 ③主体性を持って多様な人々と協働して学ぶ態度—を多面的に評価するテストだ。そこで注目されているのが記述式の導入。テスト実施側にとって、記述式の採点には1～3カ月程度を要すると見込まれ、当初提言されていた年複数回の実施を見送らざるを得ない方向にある。また、大規模テストとしての採点基準の明確化や採点業務の負担とコスト増といった問題も挙がっている。

そうした疑問に対し、高大接続システム改革会議の座長を務める安西祐一郎先生は、記述式導入に際して文字情報を読み込む光学式文字読取装置（OCR）や人工知能の活用などの技術革新を前提とした側面もあったと語る。教育は国家百年の大計。ご興味のある方は議論に参画していただきたい。

朝日大学で講演する
安西祐一郎先生

スポーツ雑感

2016年3月30日(水)

　元プロ野球スター選手の覚せい剤取締法違反、名門巨人軍に起こった野球賭博から「声出し」金銭授受まで、年明けから暗いニュースが続く。まさに火中の栗を拾った感のある高橋由伸新監督とは沖縄のオープン戦でお目にかかったが、その胸中やいかに。

　女子テニス界でロシアの妖精と呼ばれたマリア・シャラポワ選手。その容姿から本業にとどまらず、スポーツウエアや自動車メーカーなどさまざまな広告塔を務め、スポーツビジネスの中心的存在といえる。そんな彼女のドーピングが明らかとなった。今年1月から禁止薬剤となった「メルドニウム」について、会見では以前から使用していたことなどを訴えたが、その後も旧東欧諸国出身のスポーツ選手から当該薬物の陽性反応が明らかとなった。厳しい練習でより強く、より高くを求めて薬物使用に手を染める。

　そんな中、甲子園では21世紀枠で選ばれた釜石高校と小豆島高校の一戦が行われた。近年、高校生離れした体つきの強豪私立高校生の活躍ばかりが目立っていたが、いかにも華奢な両校の選手たちが走り回り、内野ゴロをさばくだけでも、見る者をハラハラさせる試合進行にアマチュアスポーツの原点を見た。桜の開花とともに爽やかな風を感じた。

読売巨人軍高橋由伸監督と

入学式

2016年4月15日（金）

　4月といえば入学式や入社式のシーズン。読者の中にも新しい環境でスタートを切られた方もいらっしゃると思う。朝日大学も、ちょうど桜満開の時期に入学式を迎えることができた。

　毎年この時期には各大学の学長あいさつが話題に上るが、今年は東京工業大学の三島良直学長が英語でスピーチをしたとか。まさにグローバル化の到来を印象づけるメッセージである。私は新入生に向けて、本年1月大垣市で開かれた小川科学技術財団創立30周年記念講演会で拝聴したノーベル賞学者天野浩名古屋大教授の言葉を引用。大学生活を通じて「挑戦・自立・そして貢献」というステップを身につけてほしいと述べた。

　1週間後、各務原市立川島小学校の入学式に参列した。あらためて新1年生の小ささに驚くとともに、この子たちが式典の間、果たしてじっとしていられるのか、そればかりが気になっていた。しかし校長挨拶として壇上に上がられた駒形克也先生は、箱から人気キャラクターのパペットを取り出し、右手にはめて歌い始めた。それまで退屈そうに足をぶらつかせていた児童たちが一斉にその動きを止め、手をたたき目を輝かせて人形を見つめていた。そのつかみの良さに脱帽、これぞプロフェッショナルである。

挑戦・自立・そして貢献を願う

経済優先のDNA

2016年4月30日(土)

　先月東京で「鴨緑江大水力発電工事」と題した映画を見た。日本の植民地下にあった朝鮮で未開発の自然を切り拓き、北部朝鮮から満州へと電力を供給する壮大な工事の実録である。東京国立近代美術館フィルムセンターが所蔵し、2003年に同センターと韓国・光州国際映画祭で上映されて以来の一般公開となった。

　総貯水量200億立方メートル、総出力200万キロワットという規模は、県内の徳山ダムの総貯水量6億6000万立方メートル、黒部ダムに代表される黒部川水系12の発電所の総出力約90万キロワットと比較しても想像を絶する規模と言える。本工事の指揮を執ったのは、当時新興財閥であった日本窒素肥料(後のチッソ)の野口遵社長。朝鮮窒素肥料や発送電事業などさまざまな事業を展開、敗戦時に日本が失った朝鮮資産の6割が同社の資産であったとされる。記録映画であるがゆえ、表情のない現地労働者たちが淡々と働く姿が印象的であった。

　戦後引き揚げた同社の技術者たちは熊本県水俣で化学工業をけん引、戦後復興の一翼を担った。しかし、その影で水俣病を引き起こした。5月1日、水俣病公式確認から60年を迎える。今もなお被害者の苦しみが続いていること、そして何より鴨緑江開発に見る経済優先のDNAが被害を拡大させたことを忘れてはならない。

繰り返される事件事故

2016年5月30日(月)

　再び沖縄で痛ましい事件が起きた。うるま市で20歳の女性が遺体で発見、米軍元海兵隊所属で嘉手納基地勤務の軍属が逮捕された。死体が遺棄された恩納村はリゾート地で知られているが、村の約3割に基地や訓練場が広がり海兵隊員にはなじみ深い場所と言える。

　沖縄県では軍関係者による事件事故が後を絶たない。沖縄県知事公室の「沖縄の米軍及び自衛隊基地（統計資料集）」によれば、軍人、軍属、家族を含む米軍構成員等の犯罪検挙件数は2014年で29件。交通事故は140件に上る。その他演習に関連する航空機の不時着等の事故56件、原野火災12件など、私たちにとっての非日常がそこにある。米国の施政権下にあった1970年、酒気帯び運転の米兵が道路横断中の軍雇用員にけがを負わせたことをきっかけにコザ騒動が起こった。1995年米兵3人が小6女児に暴行したが、軍は犯人の引き渡しを拒否。翌年に「日米地位協定の見直し及び基地の整理縮小に関する県民投票」が行われ、沖縄がその意思を示した。

　ネット上では「被害者を政治に利用しないで」などという心ない書き込みに「いいね」ボタンが押されているが、逮捕後の首相発言や防衛大臣の訪沖を見ても事の重大さは容易に理解できる。沖縄県民の、いや日本国民の人権、生活権を守る最低限の補償を獲得するためにも、私たちは「思考停止」に陥ってはならない。

コザ騒動
アメリカ施政権下の1970年12月20日未明、コザ市（現沖縄県沖縄市）中心部で、米兵が起こした交通事故をきっかけに、数千人の人々が80台を超える米軍関係車両を焼き打ちにした。沖縄返還は当時すでに決まっていたが、米兵によって繰り返される事件・事故や米軍の統治に対する市民の怒りが背景にあった。コザ暴動、コザ事件とも呼ばれる。
［朝日新聞より一部引用］

死刑を考える

2016年6月9日(木)

「あなたは死刑に賛成ですか」。政府が行った意識調査によると、国民の8割が死刑に賛成しているという。筆者も3カ月前まではそう思っていたし、凶悪犯罪の報に触れるたびに抑止としての死刑はやむを得ないと考えていた。

都内で「望むのは死刑ですか 考え悩む"世論"」と題するドキュメント映画を見た。市民135人が2日間をかけ専門家の講演を聞き、質疑応答と小グループによる議論を繰り返す。講演内容はわが国の死刑の現状に始まり、刑事政策、えん罪、代用監獄、開示、取り調べと続く。「半田保険金殺人事件」で実弟を殺害され、事件の10年後、被害者遺族として加害者と面会。以後、加害者の死刑停止、面会継続を求める活動を行う原田正治氏は、会うたびに謝罪する加害者に癒やされたと語る。参加者は死刑の現状を知り、悩み、自ら考える。カメラはそんな心の動きを映し出す。主催者の佐藤舞氏はわが国の死刑の存置根拠は「不確かな世論」だと指摘する。

6月11日午後に同映画の長塚洋監督を朝日大学へお招きし、学生、市民の皆さんとともに映画を見て議論を交わす場をご用意させていただいた。なお、映画を見て3カ月が経過したが、筆者なりの答えはいまだ出ていない。

熱を帯びるトークセッション

朝日大学で講演する
長塚洋監督(左)

ひょうちゃん

2016年7月4日(月)

　年間に100回以上、新幹線を利用する筆者にとって楽しみの一つが駅弁である。移動中に食事を済ませれば、降車後の時間を有効に使えるというのもうれしい。

　新横浜駅の定番といえば崎陽軒の「シウマイ弁当」。黄色い紙でラッピングされ、周囲を緑と黄色のひもで十字に縛ったその装いは、空腹感を刺激する。しかし、ふたを開けてパッと広がる独特の匂いは、密閉された車両の中で、どうしても周囲の人に気を遣わざるを得ない。そして気になるのは白い陶器のしょうゆ入れ。その形状から「ひょうちゃん」と呼ばれているそうだが、「昭和」を感じさせてくれる。子供の頃はコルク栓だったが、いつの頃からかゴム栓に変わった。時代によって形やデザインが変わり、コレクターもいるとか。

　久々に800円のシウマイ弁当のひもを解き、ふたに貼りついたご飯粒をはがしながら、視線はしょうゆ入れに注がれる。何と、赤いキャップのプラスチック製容器が鎮座しているではないか。同社のホームページを調べると「ひょうちゃん」はこの弁当に付いておらず、赤い箱の「昔ながらのシウマイ」、サイズが一回り大きい「特製シウマイ」に付いていると。残念、次の出会いを待つとしよう。

崎陽軒のひょうちゃん

益城町からのメッセージ

2016年7月27日(水)

　熊本地震から3カ月が経過した7月13日、最大震度7を2度記録した益城町を訪れた。朝日大学、付属の医療機関、JR穂積駅前で集まった義援金を同町役場へ届けるため、同町出身で本学経営学部で学ぶ西本みな代さんと共に現地入りした。

　益城町に入った途端にその景色は一変した。地盤の違いからと推察されるが、街道筋によって完全倒壊した家屋が並ぶエリアと、見た目はほとんど壊れていないエリアとが交錯する。町全体で、り災証明書申請件数は1万1千件を超え、いまだ1584人が避難所生活を続ける。九州地区の大規模災害時に拠点となると言われた阿蘇くまもと空港の建物内部には多数のひび割れが残り、展望デッキやレストラン街は、現在も閉鎖中。

　防災服姿の西村博則町長は町の状況について、復興と呼ぶにはまだ早い状況にあるとして「東北の震災と比較して、同じ益城町の中でも家屋被害の程度に大きな差があり、公的支援という点で判断が難しい」と。被災者の健康管理や住宅再建が当面の課題となるが、熊本に地震は起きないとの過信から地震保険等への加入率も低いと聞く。「小さな町なので、忘れ去られるのが怖い」。町長の言葉を岐阜の皆さんにもお伝えしたい。

西村博則町長（左）
本学西本みな代さんと筆者

終戦記念日

2016年8月15日（月）

　終戦から71年目の夏を迎えた。戦場へ赴いた方々が逝き、戦災を経験した者も年々減る中で「戦争を知らない」国に変容しつつある。

　子どものころ、鉄砲のような形をした玩具を買うことを母は絶対に許さなかった。母方の祖父は南方戦線を戦い、フィリピンのパラワン島で命を落とした。曾祖父である山田清が当時、東京6区選出の衆議院議員で、軍部を支える翼賛政治体制協議会所属であったことも祖父の出征の遠因だったのかもしれない。祖父の帰国の日を、母は今でも覚えている。終戦後のある日、小さな木箱だけが届けられた。祖母の指示で恐る恐るその箱を開けてみると、むっとする南方の熱気に包まれて石ころが一つ。幼かった母は、祖父が石になって帰ってきたと感じた。お骨よりも石の方が気持ちが救われたと母は振り返る。

　昨年、特別企画展「戦後70年　明日の各務原市へ」を開催した同市の歴史民俗資料館が報告書「各務原市の戦前・戦中・戦後史」を刊行した。知らなかった歴史の数々を、史実に基づき丁寧に検証している。近年、成長分野として注目される航空宇宙産業を推し進める同市だからこそ、次世代へ語り継ぐことの重要性を感じた。家族、ふるさとといった単位で戦争について考える日としてほしい。

山田清
筆者の曾祖父。1890年千葉県生まれ。医師。府議、市議ともに3期を経て、立憲民政党に所属。1937年4月第20回衆議院議員総選挙で東京6区より当選。全国自動車業連合会長ならびに自動車業改善委員を務め、初当選時には「国民健康保険法案のため大いに働く」と意気込んだ。1942年4月に行われた第21回衆院選でも再選を果たした。同年12月没。

リオ五輪雑感

2016年9月14日(水)

　今夏、昼間は高校野球、深夜から明け方にかけてはリオデジャネイロ五輪と眠れぬ日々が続いた。日本人選手の活躍に感動し、あるときはテレビの前で独り涙した。金メダル12、銀8、銅21個、4位から8位までの入賞者47という結果は過去最高と聞く。少子化が進行するわが国で、「最近の若者」はよく頑張っているではないか。

　この結果を二つの視点から見る。一つは選手強化費と練習拠点の整備の結果と考える。東京都北区にナショナルトレーニングセンターが開設され8年が経過したが、競技ごとの専用施設に加え、年中無休で食と住を提供し、医療施設や会議室までをも兼ね備える。他競技の選手や指導者同士が接点を持てることも魅力と言われる。とくに卓球やフェンシングといった競技団体はほぼ年間を通じて利用し、ジュニアの育成を含めて確実に成果を出してきている。

　二つ目に科学的トレーニングの導入。大和魂や根性論は不要などと言うつもりはないが、科学的な分析は選手、指導者を正面から支え、あるときは深い悩みから解放する。各競技特性を十分に分析し、それらを伸ばすようなトレーニング手法の開発は日進月歩。ただし行き過ぎればドーピングや、遺伝子操作などの問題にも直面する。パラリンピックも盛り上がっている。秋の夜がさらに長くなる。

ナショナルトレーニングセンターのスタッフ(右)と

金藤選手凱旋

2016年9月29日(木)

　ぎふ清流国体を契機に活動の拠点を岐阜県に移した金藤理絵選手（28）が、リオデジャネイロ五輪女子200メートル平泳ぎで見事金メダルを獲得した。五輪後もヨーロッパを転戦し、短水路で7年ぶりに自身の持つ日本新記録を更新し、岐阜に凱旋（がいせん）した。

　彼女は「五輪後は、秋の岩手国体をターゲットに調整した」と語る。本人が苦手だという100メートル平泳ぎに岐阜県代表として出場。ラスト5メートルで優勝をもぎ取り「支えてくれた岐阜に貢献できた」と喜ぶ。金メダルを振り返り「加藤健志コーチの下で10年間頑張ってきた。世界一の練習を積んできた。決勝直前には不安もあったが、レース後に自分が優勝している姿がイメージできていた。周囲のサポートのおかげ」と感謝を忘れない。

　金藤選手の印象について、同じ女性アスリートとしてゴルフ界をけん引してきた森口祐子プロはこう表現した。「日頃の練習が支えになると分かっていてもライバルの存在には心も波立つもの。強い選手が勝つとは限らない勝負の世界で、金藤さんは本当に強い選手だと思います。好きで始めたスポーツでも、好きだという気持ちだけでは続けられません。縁で始まり、また岐阜でつないだ縁。まさにコーチと一緒に取った金メダル。今後も見守りたいと思います」。頂点に立った者のみが分かり合える境地といったところか。金藤選手、金メダルおめでとう。

金藤理絵選手と金メダル

がんとの闘い

2016年10月15日(土)

　芸能人による乳がん闘病ブログが話題となっている。初診時の医師の見立てやその当時の説明などを振り返り、こうしておけばよかったという悲痛な叫び声は、彼女がまだ若く、お子さんも小さいだけに多くの共感を呼んでいる。

　筆者は医師として東京の国立がんセンターで研鑽(けんさん)を積んだが、腫瘍と言っても良性から悪性までその幅はかなり広い。一般的に「おでき」と呼ばれるような良性腫瘍を1とし、とても進行の早い悪性腫瘍を10と仮定すると、良性でも2や3程度で手術をしてもその場所に再発することがある。同様に4から6程度の腫瘍で、患者に対して「悪性の可能性も否めない」といった難しい表現をせざるを得ないケースもある。

　「がんです」と口にした瞬間、患者にはその後の説明のほとんどが受け入れられない。セカンドオピニオンを求めてドクターショッピングを繰り返すケースも少なくない。さまよった患者がどこに漂着するかは、まさに人間性のぶつかり合いの末に患者との間で信頼関係を築けるかにかかっている。筆者はできるだけ患者家族にも同席してもらい、後からも見直せるよう紙に書きながら時間をかけて説明をすることを心がけている。日本人の2人に1人ががんに罹患(りかん)し、日本人の3割ががんで死亡する時代。やはり早期発見、早期治療に尽きると考える。

国立がんセンターでの研修時代
米国シアトルにて恩師の方々とともに

若さ

2016年11月1日（火）

「美魔女」なる言葉をご存じだろうか。ファッション雑誌から端を発した造語で、年齢を感じさせない若々しさを保っている女性たちのことを指し、ネット上にはおおむね40代前後の女性たちの写真があふれている。

不老長寿は多くの人々の願いであり、実年齢よりも若く見えれば、さらに夢は膨らむ。そんな風潮に一石を投じたのが女優の小泉今日子さん（50）。1985年には「なんてったってアイドル」をリリースするなど一世を風靡（ふうび）したアイドル歌手だが、近年はNHK連続テレビ小説や、舞台「草枕」で紀伊國屋演劇賞を受賞するなど活躍の場を広げている。先日、新宿の紀伊國屋ホールで行われた受賞式に筆者も出席したが、「受賞がうそやまぐれにならないよう10年、20年と精進したい」と語る彼女は確かに若い。

そんな彼女が対談で「年を取ること、重ねることをすごく楽しんでいて、それが老化っていう言葉じゃなくて、進化だと思っているんです」、「美魔女という言葉にははっきりと抵抗し、自分は中年の星でいいんじゃないかと思っている」と。医療界でもアンチエイジングといった言葉が頻繁に使われるようになったが、やはり年齢相応の落ち着きや、内面の豊かさにも磨きをかけていかなければ。

受賞式でスピーチする
小泉今日子氏

進む国際化

2016年11月28日(月)

　教育の世界でも国際化が急がれている。英語力に求められる4技能、単に受け身で「聞く」「読む」だけでなく、主体的に考え「話す」、そして「書く」ことまで求められると何とも心もとない。

　国際化の必要性をどのように次世代へ伝えていくか。朝日大学では、ペシャワール会現地代表の中村哲医師（69）を2年連続でお招きし、新入生を対象にご講演いただいた。1984年、パキスタンで医療支援を開始したが「百の診療所より一本の用水路」と痛感、紛争が続くアフガニスタンに拠点を移した。自ら日本製の中古重機を操り、日本古来の技術を利用して護岸保護を行う。干ばつで乾ききった大地に緑を取り戻し、今は換金作物の生産にも注力している。

　同国は谷ごとに異なる部族が暮らし、人口の9割が自給自足をしている。世界で最も保守的といわれるイスラム教の共同体との話し合いで一番重要なことは、現地の文化、風習の全てを受け入れることだと語る。2001年の米国同時多発テロ以降、無差別空爆が続き政権は崩壊。無政府状態の下で支援活動を続けてきたが、「近代化が全てをカバーできるわけではない。人間はどこへ行くのか」。そう語りかける先生は、学生に「身近な問題に目を向けて行動すること」とメッセージを送った。ここに国際化への一歩目がある。

朝日大学で講演する
中村哲医師

スピッツ

2016年12月22日(木)

　岐阜市の長良川国際会議場で、ロックバンド「スピッツ」のコンサートを見る機会を得た。

　筆者はいわゆるバンドブーム世代。中学・高校のころサザンオールスターズやRCサクセションといった第1世代に触発されてバンドの道へ足を踏み入れた。大学入学前後には第2世代のBOØWY(ボウイ)やレベッカ、プリンセス・プリンセスが台頭。筆者の高校時代のバンドメンバーは、大学進学後も音楽から離れられず、アマチュアバンド発掘テレビ番組「三宅裕司のいかすバンド天国」にも登場した。ちなみに、AKB48の名曲「ヘビーローテーション」を作曲した山崎燿氏も筆者の1学年後輩のバンド仲間。そしてスピッツなどが第3世代にあたる。

　ニューアルバムに収められている「みなと」から始まり、独特な歌詞の世界に引き込まれながら、原曲に忠実なライブ演奏に感心することしきり。ボーカル担当の草野マサムネ氏が「岐阜での公演は6年ぶり。思い出してきた。この会場、いい感じですね」と褒めるだけあって、ライブハウス並みの臨場感を味わえた。収容人数だけをみると、ロックバンドの登竜門と呼ばれた渋谷公会堂や中野サンプラザが約2千人とほぼ同格だが、長良川国際会議場では舞台と客席の距離をより近く感じることができた。またまた岐阜の魅力を発見した一夜であった。

2017年

新しい米国の姿

2017年1月20日（金）

　2016年を振り返ると、国際的には英国のEU離脱と米国大統領選挙でのトランプ氏の勝利という予想外の出来事が起こった。元NHK記者の木村太郎氏だけが見事にトランプ氏当選を言い当てた。豊富な米国人脈から、表立ってトランプ氏支持を表明しなかった層の意思を読み切ったのか。

　年が明けてオバマ大統領は、地元シカゴで行われた任期最後の演説で結びにあたり「Yes, we can, Yes, we did !（我々はできる、我々はやり遂げた）」と訴えたが、どこか虚しさを感じた。その翌日には大統領選勝利後初のトランプ氏による会見が、トランプタワーで行われた。自身とロシアとの関係に言及したCNNの記者に対し指をさしてほえまくる姿は、新しい米国の姿を予期させるものだった。

　例えるなら、健康に気を使い緑黄色野菜を取り毎日のジョギングを習慣化し、環境にやさしいハイブリッドカーに乗る。そんな時代に逆行するかのように、ステーキ肉にかぶりつき、排気量5リットル超のアメ車を駆り、趣味はハンティング、という強い米国のイメージが戻ってきた。20日はトランプ氏の大統領の就任式。就任演説の内容よりも、パレードの際に首都ワシントンに新装オープンした「トランプインターナショナルホテル」に立ち寄りドヤ顔をするのか、テレビっ子はそちらの方にばかり興味が湧いてしまう。

ひろみちお兄さん

2017年3月2日(木)

　親子体操の専門家、佐藤弘道氏と対談した。NHKのテレビ番組「おかあさんといっしょ」で活躍。ひろみちお兄さん、とお呼びした方がなじみ深いかもしれない。

　高校では器械体操部に入り本格的に競技を始めたが、1年生のとき、つり輪から落下して頸椎(けいつい)を亜脱臼。ワイヤーで固定する大手術を受けて3カ月の入院を強いられた。大学進学後は器械体操を断念し、組み体操やマスゲームなどの体操部に所属し創作を学んだ。かの番組では、1回の収録で45人の子どもたちと体を動かす。これを年間220回、12年間続けてきた。子どもたちの関心を引く鍵について伺ったところ、目線を合わせて共通言語を持つなど引き出しをたくさん持つことだと語る。

　2012年に開催されたぎふ清流国体ではミナモ体操を創作され、PRキャラバンとして県内を回られた。そして昨年秋に開催された全国レクリエーション大会in岐阜の開会式で、筆者は佐藤氏とともにミナモ体操を踊らせていただいた。身体の柔らかさにも驚いたが、私の2学年下と聞き、ルックスの違いにさらにショックを受けた。この春から朝日大学の客員教授として、引き続き岐阜県に親子体操を通じた「学び」を届けていただく。乞うご期待。

本学体育会PR誌『TRIUMPH』の撮影スタジオにて

佐藤弘道氏
1968年東京都新宿区生まれ。日本体育大学卒。高校で器械体操中に大けがを負った。大学卒業後、妻の勧めもあってNHK「おかあさんといっしょ」のオーディションを受けて採用された。1993年より10代目たいそうのおにいさんとして活躍。2005年に引退後も、幼小児向けの体操教室や指導者の育成に力を注ぐ。ぎふ清流国体、第70回全国レクリエーション大会in岐阜で大会アンバサダーを務めた。弘前大学で医学博士号を取得。朝日大学客員教授。

春風とともに

2017年4月27日(木)

　岐阜市内では春の到来を告げる道三まつりが開かれ、多くの人々が訪れた。同じ時期、筆者は米国からの客人を連れて古都・京都の街を散策した。桜の開花時期ということもあって、国内外からの観光客であふれ返っていた。

　4月1日には祇園甲部歌舞会「都をどり」に足を運んだ。1872（明治5）年に開催された京都博覧会の開催に伴い考案されたと聞くが、今年で145回目を迎えた。祇園甲部歌舞練場の耐震対策による一時休館のため、今年は京都造形芸術大にある京都芸術劇場・春秋座での開催となったが、近代的な建物と伝統の舞とが見事に融合していた。ちょうど初日ということもあり、開演前には御ひいき筋と関係者とが「今年もよろしゅう」とあいさつを交わしているのを横目で見ながら、どこか自分が一見（いちげん）さんであると感じさせてしまうところが京都らしさといえようか。

　今年の歌題は「洛北名所逍遙（そぞろあるき）」。寂光院や鞍馬山、貴船川といった洛北の山や川、社寺を巡り、最後に祇園甲部歌舞練場庭園のしだれ桜を題材にした全6演目を披露。プログラムだけでなく、同時解説イヤホンガイドまで英語対応しており、外国人のアテンドでも安心した。

京都芸術劇場春秋座

築地市場

2017年5月8日(月)

　米国からの客人を連れて東京の築地市場を見学した。1日16億円超の取り扱いが行われる、世界最大の魚市場。まだ肌寒い日の出前、新宿のホテルを出発した。

　メインイベントはマグロの競り。仲卸業者たちは競り前に切り落とされたマグロの尻尾の部分に懐中電灯を当て、身の締まり具合や脂の乗りなどを入念にチェック。磁気共鳴画像装置(MRI)や断層撮影装置(CT)を撮った方が合理性の高い価格形成がなされるのではとも思うのだが、古来この方法で相対取引が行われてきたのだと。目利きができるまでには相当の年数を要するそうだ。午前5時半から天然マグロ、同6時から冷凍マグロの競りがスタートした。国産天然の本マグロが少ない場合、質の良い冷凍物を競りに出してくるのも卸売業者の駆け引きのうまさ。競りが終わるとマグロは大八車に乗せられ電気のこぎりによる分割、解体が始まる。日の出とともに場内には仲卸業者と買出人が交錯し、ターレーと呼ばれる運搬車が所狭しと行き交う。

　仲卸業者とは、卸売業者から買った品物を、市場内の自分の店で、小売業者や飲食店などの買出人に販売する人たちのことだが、私の稚拙な英語の説明では米国人には理解されなかった。

冷凍マグロの競りが始まる

競り落とされたマグロ

大田昌秀氏に捧ぐ

2017年6月14日(水)

　元沖縄県知事の大田昌秀氏が逝去された。わが国で憲法改正や自衛隊の武装化が議論されているなか、氏がノーベル平和賞候補にノミネートされたと聞いていただけにその悲しみは深い。

　学長として開講した「建学の精神と社会生活」との初年次教育に共鳴し、何度も朝日大を訪れ、学生講義をしてくださった。沖縄問題に浅学であった筆者に対して、いつも膨大な資料や新聞記事を示しながら「基地のない沖縄」を訴え、「日本にとって沖縄とは何なのか」を問い続けた。戦史に残る激戦地の伊江島で、戦後も反戦・平和運動に身を投じた故阿波根昌鴻氏について教えてくださったのも氏であった。「先生は反米ですか」と問うたところ、ほほ笑みながら「米国での留学経験があってこそ今の私がいるんです」と答えられたことが忘れられない。

　晩年も「沖縄の痛み、苦しみ、悩みが共有されていない。辺野古への基地移転を強制すれば、いつも穏やかな沖縄県人でもコザ騒動と同じような事態を起こす可能性も否めない」と警鐘を鳴らした。戦時中、鉄血勤皇隊として戦地に立った経験から、「非業の最期を遂げた学友たちの血で自分の命は贖われた」と語っておられた。好きだったスコッチウイスキーを引っ提げて今ごろ、同僚との再会を楽しんでおられることを祈るばかりである。

本学学生たちと談笑する大田氏
2015年の来学時

追悼 大田昌秀先生

沖縄県知事を2期8年務め、その後も参議院議員、NPO法人沖縄国際平和研究所理事長などを歴任した大田昌秀先生が6月12日に逝去されました。92歳の誕生日でした。鉄血勤皇隊としての沖縄戦体験から、戦争の愚かさ、平和の尊さを力強く訴え続けた生涯でした。同じ日本人として、ふるさとを思い自然を愛し文化や伝統を守る気持ちは変わらないはずです。沖縄の基地問題を考えるとき、私たちはしばしば思考停止に陥ってしまいます。朝日大学が位置する岐阜県に戦後疎開されたキャンプ岐阜の整理統合先が、沖縄県であったことをまたもや忘れてはなりません。世界中で保護主義が台頭する今こそ、私たちは足をとめて基地問題をはじめ安全保障、日本国憲法について考える必要があります。

晩年、大田先生には何度となく朝日大学までお運びいただき特別講義をしていただきました。沖縄戦を振り返りながら、米軍普天間飛行場の移設問題や平和についての含蓄のあるメッセージは、学生諸君の心に深く刻まれました。ここに、先生のご冥福をお祈りいたしますとともに、感謝の気持ちをこめて2015年7月に行われた特別講義の内容をご紹介いたします。

朝日大学 学長 大友克之

戦後70年 ■ 沖縄と平和 （2015年7月8日 特別講義）

■ 現在も続いている"沖縄戦"

■ 子や孫に同じ苦しみをさせない

■ 沖縄で広がる独立論

■ 戦争絶対反対を呼びかける

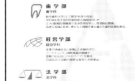

Experience
朝日大学
http://www.asahi-u.ac.jp/

大田昌秀先生を追悼して講義の概要を「新聞紙上採録」として掲載　/　2017年6月23日　岐阜新聞

米国航空事情

2017年7月4日(火)

　アラバマ大学の卒業式に招かれ、米国を訪れた。成田空港からダラスを経由し、バーミングハムまで長い旅だった。ダラス空港での乗り継ぎでは、搭乗予定の国内線が定刻より3時間以上遅れ、搭乗口も二転三転した。搭乗者数等に合わせて効率的に機体を、あるいは乗員を回しているとも聞くが、米国内線の遅れは慢性的になっているようだ。

　帰国の際には搭乗2時間半前に空港に到着した。米国の友人からは、国内線搭乗にしては早過ぎるのではと問われたが、4月に起こった、オーバーブッキングを理由に機内から引きずり出された男性の様子が動画で世界中へと拡散した例を挙げたところ、確かにあのケースも眼鏡をかけたアジア系の医師だったなと、一同苦笑した。

　20年以上前、ミネソタ州で開催された学会に参加する際に、往路でオーバーブッキングされた。やはり米国機であったが、客室乗務員(CA)が「ボランティア?」と呼びかけながら通路を回る度に、自分が選ばれぬようにと祈りつつ目線をそらしたのを記憶している。米国運輸省の調べによると、米国で昨年1年間に予約を取り消された乗客は約4万人とのこと。これだけITが進歩してもと疑いたくなる数字だが、この分野でも人工知能の進歩を期待したいものである。

アラバマ大学バーミングハム校歯学部にて

がんと闘う

2017年8月4日（金）

　小学校の同級生が膵臓がんで亡くなった。享年51歳。竹馬の友で、ラグビー部でも快足バックス選手としてグラウンドを駆け回っていた頃の姿が思い出される。

　最近周囲で、若くして膵臓がんで命を落とすケース、手術をしたが厳しい状態にあり、他に良い病院はないかと相談を受けることが増えた。前立腺がんや乳がんの多くが治癒、あるいは治療後も長期生存するケースが増加。またこれまで罹患率の高かった胃がんが、検診や内視鏡技術の進歩により制圧され、結果、いまだ早期発見が難しく、手術や抗がん剤治療でも完治が得られにくい、膵臓がんや胆管がんなどが増えたと感じる。近年、がん細胞特有の分子をピンポイントで攻撃する分子標的薬と呼ばれる新しい抗がん剤が開発され、さらに多くのがんへの有効性が期待される。

　筆者は1995年から国立がんセンターで学び、多くの患者を診させていただき、また少なからず涙も流してきた。同業の近藤誠医師は「患者よ、がんと闘うな」「抗がん剤は効かない」といったセンセーショナルなタイトルの著作を多く出されるが、がん治療での断片だけを誇張し過ぎている印象は否めない。"一人でも多くの命を救いたい"。がん治療に携わる全ての者の願いである。

北京事情

2017年8月26日（土）

　この夏、久しぶりに中国・北京市を訪れた。前評判ほどのスモッグもなく、夏空の青さがまぶしい3日間を過ごした。

　空港から市内へと向かう車窓。まず目についたのが黄色や赤、青といったカラフルな自転車である。サラリーマン風の青年から、Tシャツ姿の初老の男性まで。車道、歩道を問わず縦横無尽に走っている。聞けば「自転車シェアリング」だという。街道筋や繁華街に駐輪場を設置し、スマートフォンで自転車の認識番号と鍵となる暗証番号をやり取りするという。1時間でおよそ1元（約16円）。乗り降り共に場所を選ばず自由とのことで、駅やバス停周辺、あるいはオフィス街、学校近辺での乗り捨て自転車が急増し、その回収が追い付かず社会問題化しているという。

　同様に非常に速いスピードで普及したのがモバイル決済と呼ばれるスマートフォンによる支払いシステムである。アリババ系のアリペイと、日本でいうラインに相当するウィーチャットを運営するテンセント系のウィーチャットペイが主流だ。今や現金を使うのは日本人を含む観光客だけとか。クレジットカードやデビットカードの時代を飛び越える進化。これが現代中国発展のスピードと言える。

杭州市のアリババ本社にて

中国IT系企業
世界を牽引する米国のIT系企業Google、Apple、Facebook、Amazonの頭文字をとりGAFAと称される。これに対して、急速に発達した中国のIT系企業である百度（バイドゥ）、阿里巴巴（アリババ）、騰訊（テンセント）。これら3社の頭文字を取ってBATと称され、今後の成長に注目が集まる。

夕刊の終幕にむけて

2017年9月28日(木)

　新聞が読まれなくなった、本が売れなくなった、そんな風潮を「活字離れ」と嘆いてきたが、本当にそうだろうか。この秋、本学主催公開講座で夏目漱石の作品「こころ」をテーマにしたところ、あっという間に千人を超える方に申し込みをいただいた。生誕150年を記念したイベントであったが、漱石ファンの多さに安心した。

　先日ご一緒した大手芸能プロダクション社長と、都内に本店を構える有名書店店長との会話。「昨年のゲス不倫以降、とにかく文春砲には参りますね。所属タレントの価値が一夜にして転落していきますから」「いやいや。明らかに本が売れない時代に、(週刊)文春や新潮が売れるんですよ。やっぱり読者が読みたいものを書けば、本を買ってくれるということが分かりました。」と。特に発売日に合わせて文春デジタルと呼ばれる取材動画をネットに上げることで、週刊誌自体の購買意欲をかき立てる。

　若者が通信手段として用いているツイッターやライン。いずれも絵文字や、時として写真や動画を盛り込みつつも、その主体はやはり「文字」。書き言葉と話し言葉の違いはあっても、彼らは文字から離れてはいない。むしろ、隣に座っている友人ともラインで会話する。今週で岐阜新聞は夕刊の発行を中止する。いつの時代も、変化に対応できたモノのみが生き残っていく。

朝日大学主催「秋の公開講座」と大学広報

2008年10月に学長に就任し、まずは、私自身が朝日大学の営業担当として「自ら発信し続けること」に注力した。地元岐阜新聞社・岐阜放送の杉山幹夫会長のご理解を賜り、国政選挙や県知事選挙の総評を投開票翌日の朝刊に載せていただいたり、岐阜放送のテレビ枠で統一地方選挙の開票速報番組（90分・生放送）の解説や、夕方5時からのニュース番組のコメンテーターなどの仕事を頂戴した。ちょっとしたコメントでも、現場に足を運んで、現地の声に耳を傾けた。東京出身者だからこそ本音を聞けることも多かった。こういったフィールドワークを通じて、岐阜県内外に多くの知己を得た。

　大学の発信力を高めるために、現在も取り組んでいる企画の一つに「秋の公開講座」がある。法学部を設置した1987年からスタートしたが、テーマ設定、講師の選定は学長の仕事と決まっていた。前学長までは学内教員を講師に選ぶことが多かった。副学長として本講座をサポートしていた頃に感じたことは、この講座に来て下さる方のお子さんやお孫さんが朝日大学を進学先のひとつに選んでいただけないであろうか？会場のキャパシティーが1階で600席、2階を含めれば1000席はあるので、とにかく満席にしたい。そうすることで来場された方には「多くの人が関心を寄せているテーマに自分も参加した」といった満足感を、講師を務めて下さった方には「朝日大学って、結構集客力のある大学かも」といった印象を持ってもらうことが出来るのではと。

そこで、その年ごとに関心の高いテーマを設定し、学外から講師を招聘(しょうへい)。事前の広報にも力を注いだ。こうして振り返るとあっという間の10年であったが、多くの講師の方々に「考えられないほど安価な講師料（あるいは無料）」でお引き受けいただき、毎回が満席であった。「岐阜ではなかなか聞けない方のお話を聞けました」といった市民の方々からの感想、そして講師の方々との交流は、その後の学長像形成に大きく影響した。

　講座によっては、新聞各社の協力を得て採録を作成し、その冬に新聞一面を用いた記事として掲載した。もちろんその最下段には、朝日大学の広告を載せて。ここで、その講座をご紹介する。

　なお、講師各位の役職名・敬称は、講師からのお申し出に基づいた講演当時のものであることをお断り申し上げる。

2008年 "生涯スポーツと健康"

元バレーボール全日本代表監督　大古 誠司 氏
バレーボール全日本代表監督　植田 辰哉 氏

講演中の大古誠司氏

トークセッションに臨む大古誠司氏(左)と植田辰哉氏

2009年 "手塚治虫生誕80周年記念"

有限会社ネオンテトラ 代表取締役　手塚　眞　氏

講演中の手塚眞氏

手塚眞氏は、1961年生まれ。東京都出身。手塚治虫氏の長男。筆者の成蹊小学校、中学・高等学校の5学年先輩。高校時代は映画研究部に所属。現在はヴィジュアリスト、映画監督として多方面で活躍。妻は漫画家の岡野玲子氏。ご夫妻は、筆者の実父・大友祥伍が開設した診療所(練馬区富士見台)の患者でもあった。

2010年 "大学教育の未来"

醫道顕彰会会長・元京都大学総長・朝日大学理事　岡本 道雄 氏
岐阜大学 学長　森 秀樹 氏
三重大学 学長　内田 淳正 氏
朝日大学 学長　大友 克之

2011年 "復興と新しい日本の創造"

三菱商事株式会社 取締役会長　小島 順彦 氏
岐阜大学医学部 救急・災害医学分野 教授　小倉 真治 氏
株式会社トーカイ 代表取締役社長　小野木 孝二 氏

2012年 "医療の光と影 - 健康を科学する"

京都府立医科大学 学長　吉川 敏一 氏
明海大学 学長　安井 利一 氏
朝日大学 教授　小島 孝雄 氏

2012年 "医療の光と影 - グローバル化する医療と国際化"

学校法人順天堂 理事長　小川 秀興 氏
中外製薬株式会社 代表取締役社長　永山 治 氏
北海道医療大学 教授　半田 祐二朗 氏

2013年 "ベストドクター - 神の手と呼ばれた男たち"

順天堂大学医学部心臓血管外科 教授　天野　篤 氏
朝日大学 教授　郭　泰彦 氏
いちだクリニック 院長　市田 正成 氏

2013年 "アベノミクスと日本経済"

野村ホールディングス株式会社 取締役会長・野村證券株式会社 取締役会長 　古賀 信行 氏
朝日大学 教授 　田ノ上 純一 氏

講演中の古賀信行氏

講演中の田ノ上純一教授

筆者を交えてのトークセッション

2013年 "看護の魅力を語る"

聖路加看護大学 学長　井部 俊子 氏
朝日大学 教授　濱畑 章子 氏

2014年 "スポーツと人材育成"

(公財)日本体育協会 会長・トヨタ自動車株式会社 名誉会長　張 富士夫 氏
(公財)日本体育協会日本スポーツ少年団 副本部長　三屋 裕子 氏
日本バレーボール協会 強化事業副本部長　川合 俊一 氏

2014年 "日本国憲法の諸問題"

朝日大学 教授　齋藤 康輝 氏
岐阜県弁護士会 人権擁護委員会委員長 憲法委員会委員　山田 秀樹 氏
三重大学人文学部 准教授　内野 広大 氏
岐阜新聞社編集局副局長兼報道部長 兼 編集委員　裁 成人 氏

2015年 "読書時代 - 本の魅力を再発見する"

株式会社紀伊國屋書店 代表取締役会長兼社長　**高井 昌史 氏**
株式会社角川春樹事務所 代表取締役社長 「河」主宰　**角川 春樹 氏**

瑞穂市サンシャインホール

講演中の高井昌史氏

講演中の角川春樹氏

筆者を交えての
パネルディスカッション

2015年 "地域創世 - 地域の潜在能力を引き出す"

オガールベース株式会社/オガールプラザ株式会社　代表取締役社長　岡崎 正信 氏
いすみ鉄道株式会社　代表取締役社長　鳥塚 亮 氏
美濃加茂市長　藤井 浩人 氏
各務原市長　浅野 健司 氏
瑞穂市長　棚橋 敏明 氏

講演中の岡崎正信氏

講演中の鳥塚亮氏

パネルディスカッションに参加する三市長

2016年 "スポーツは世界共通の人類の文化である"

『近代オリンピックの理念』

中京大学スポーツ科学部教授　近藤 良享 氏
TBSアナウンサー　土井 敏之 氏
元女子バレー全日本エースアタッカー　大林 素子 氏

『オリンピックとメディア』

日本オリンピック委員会 理事　藤原 庸介 氏
アテネ五輪女子ハンマー投げ日本代表　室伏 由佳 氏
柔道日本代表監督　井上 康生 氏

2017年 "観光立国としての日本の行方"

株式会社小西美術工藝社 代表取締役社長　デービッド アトキンソン 氏
明海大学ホスピタリティ・ツーリズム学部 教授　阿部 佳 氏
株式会社やまとごころ 代表取締役　村山 慶輔 氏

講演中のアトキンソン氏

講演中の阿部佳氏

講演中の村山慶輔氏

パネルディスカッション

2017年 "夏目漱石『こころ』を開いて"

早稲田大学教育学部 教授　石原 千秋 氏
熊本県立劇場館長 兼 理事長　東京理科大学 特命教授　姜 尚中 氏
元岐阜県教育長　元岐阜県立岐阜高等学校野球部 部長　岐阜県芸術文化会議 名誉顧問　吉田 豊 氏

2018年 "地方自治‐若きリーダーが語る"

岐阜県副知事	神門 純一	氏
関市長	尾関 健治	氏
各務原市長	浅野 健司	氏
瑞穂市長	棚橋 敏明	氏
岐阜市長	柴橋 正直	氏
株式会社岐阜放送報道制作局長	裁 成人	氏

2018年 "高校野球を語る - 第100回大会を記念して"

日本高等学校野球連盟 理事・元事務局長　田名部 和裕 氏
星稜高等学校野球部 名誉監督　山下 智茂 氏
住友金属野球団 元投手・元監督　清沢 忠彦 氏
元岐阜県教育長　元岐阜県立岐阜高等学校野球部 部長　岐阜県芸術文化会議 名誉顧問　吉田 豊 氏
朝日大学 教授　小川 信幸 氏
朝日大学 硬式野球部監督　藤田 明宏 氏

エピローグ

　6年にわたり書き綴ったコラムの集大成ということもあり、編纂作業では多くの方々のご尽力を賜った。まずこの拙稿を書き上げるといつも最初に読んでアドバイスをくれる読書好きの妻・有子、その後、原稿をメールで受けて下さる岐阜新聞社裁成人氏をはじめとする同新聞社関係各位、朝日大学学長秘書の田いづみ氏に感謝申し上げる。

　そして公開講座の開催、ならびにその採録記事の作成に力を注いで下さった朝日大学事務局の野村成光部長、纐纈力課長にも謝意を表したい。

　また、コラムに度々登場する在沖米軍基地問題の取材にご支援いただいた朝日大学入試広報課　田口嘉彦氏、沖縄県立高校校長会元会長　中筋一夫先生、同県立高校元校長　内原恒善先生、水俣病問題の取材にご協力いただいた熊本学園大学教授　水俣学研究センター長　花田昌宣先生、国保水俣市立総合医療センター坂本不出夫院長、認定NPO法人水俣フォーラム代表　実川悠太氏に御礼を申し上げるとともに、それぞれのフィールドワークに同行した長男隆之、次男弘之には貴重な学びになったと信じている。

　このコラムを書き始めて3年ほどが経過した2014年秋、順天堂大学大学院医学研究科時代の恩師で、整形外科学講座主任教授

であった山内裕雄名誉教授に、メールを通じて「岐阜新聞にこんなコラムを書いております」とその一部を送稿したところ、以下のようなお返事を頂戴した。不肖の弟子に向けた励ましの言葉として、転載をご容赦いただきたい。

　「第二の故郷となった岐阜で名士としての活躍ぶりを頼もしく思いました。ナルホドナルホドと同感な事項が多く感心しました。なかでも、沖縄に対する文章が多いのに驚きました。私も学会・講演などで沖縄に数回行き、今年の4月にも日本手外科学会で那覇に3泊しました。宜野湾のホテルの上を超低空で飛行する戦闘機の轟音に驚きました。オスプレイは見ませんでした。君が述べている沖縄の厳しい現実と沖縄人の心情は、理解を超えるものがあります。ですから、君がこの深刻な沖縄問題の根本的な解決策をどう考えているのかと言う疑問を持ちました。現在、沖縄は県知事選の最中です。報道によれば翁長市長の優勢が伝えられています。彼は辺野古基地反対です。意地の悪い報道では彼は中国系であり、沖縄を中国に売り渡すのではないかとも言われている。このような現実に対して日本はどうしたらよいのか。私には分かりません。中国が今のような前近代的（と思うのは甘い、逆に言ってこれが現実的なのかも知れないが）な拡大政策をとっているのを、日本としてどうするかの線上に沖縄問題があります。憲法第9条死守の意見はこのような現状からは空論と私は思います。君の文章に少しほのめかしてあるように沖縄だけに基地を押しつけないで、日本各地でそれを分担しようという所に「落としどころ」があると君が考えているとしたら、私も

同感です。たとえば浜松には大きな空軍基地がある。その浜松は製造業が下火になって往年の栄光は去ってしまった。あの大きなアクトシティーもお荷物になっている。こんな都市は日本各地にある。大声では言えないが、基地負担の可能性は少なくないと私は思う。しかし大声では言えないもどかしさもあり、仮想敵国との距離などの点でも問題はある。そこには沖縄自体の今後の問題もあるでしょう。沖縄問題を sentimental issue として捉えるだけでなく、現実解は？と考えると、極めて難しい。そこで君の忌憚のない考え、方策を聞きたいなと思いながら読了しました。オカシナ読後感となりましたが、君のご活躍を大変頼もしく思います。」

　師は、私の実父の旧制浜松第一中学校の同級生で、頭脳明晰、東京大学在学中から英語、仏語も堪能で、専門領域でのご活躍のみならず整形外科界一の文筆家でもあり、内外の歴史、文化から食とワインにも精通。その尊敬する師から激励のメールを拝受したことで、2014年秋以降、少し筆勢が変化した。そう、自分の原点は医師である。そういった意味で、原点回帰として「身体的弱者、社会的弱者に光を当てる」ことを意識し、「思考停止」に陥ることなく、故きを温ねつつも常に新しい情報を収集し、自分と違った意見に耳を傾け、さらに考えることを止めない。そして教育者として発信し続ける。コラムの執筆を通じて、いつしか自らのスタイルを確立した。

　蛇足だが、妻は私の初稿を読むたびに週刊文春に連載中のコラム、土屋賢二著『ツチヤの口車』と比較して「ウィットが足らない」と

コメントしてくる。土屋先生は1944年生まれの哲学者でお茶の水女子大学の名誉教授。私とはラベルが違う。

　プロローグを受ける形になるが、朝日大学学長就任から10年の間に、4年制の看護学科を新設し、2018年4月には初めての卒業生を送り出し、我が朝日大学病院にも看護師として迎えることとなった。また2002年に初代体育会会長として手がけた大学スポーツ振興と競技力向上は、優秀な指導者の下でしっかりと実を結び、国内大会にとどまらず、ロンドン五輪や2018年開催のアジア大会（インドネシア）でも在学生、卒業生が輝いてくれた。彼らアスリート諸君に新たな学びの場を提供するため、2017年に健康スポーツ科学科を設置。これらの取り組みが実を結び、2017年度からすべての学部学科において入学定員を充足することとなり、少子化の進行に逆らって、キャンパスに学生が戻ってきた。

　既存の法学部においては卒業生が難関の司法試験を突破し、地元岐阜県弁護士会の一員として活躍をしている。経営学部では県内の商業高校校長会と連携して、高校3年間プラス大学4年間の学びの中で公認会計士を育成するプログラム「体育会会計研究部」を発足させた。満7年間の取り組みで33名が公認会計士試験合格を果たした。日々の学び、日々の練習は決して裏切ることはなく、反復繰り返していくことで自然に身につけさせていくこと、そして目に見える成果へと結びつけていくこと。泥臭いと言われるかもしれないが、これが「朝日大学の学び」であると胸を張って言いたい。

結びにあたり、ここまで学長職を支えて下さった学校法人朝日大学相談役　宮田侑先生、同法人理事長　宮田淳先生、出版にあたりご支援を賜りました岐阜新聞社　杉山幹夫最高顧問、碓井洋相談役、出版室　浦田直人氏、そして精神的かつ技術的な支援を賜りましたレジオネテクニカ　野村卓社長に厚く御礼を申し上げる。

本書を
私の学童期、日記指導に
いつも午前様まで付き合ってくれた
亡き母に捧げる

感情の記憶
Many journeys, many thanks

2022年3月1日　初版第3刷発行

著者
大友 克之
Katsuyuki Ohtomo

朝日大学学長 ┃ 博士（医学） ┃ 専門：整形外科学・骨のがん

1966年 ┃ 東京都生まれ　　1985年 ┃ 成蹊高等学校卒業
1991年 ┃ 昭和大学医学部卒業　　1993〜95年 ┃ 国立がんセンター中央病院にて研修
1997年 ┃ 順天堂大学大学院医学研究科修了、朝日大学へ赴任、国立医療・病院管理研究所にて研修
以後　朝日大学歯学部教授、附属村上記念病院副病院長、学生部長、副学長、学長事務代理などを歴任
2008年 ┃ 朝日大学学長に就任

発行
株式会社 岐阜新聞社

編集・制作
株式会社 岐阜新聞情報センター出版室
〒500-8822　岐阜市今沢町12　岐阜新聞社別館4階
電話:058(264)1620（出版室直通）

編集協力・本文デザイン協力・装丁デザイン
野村 卓（株式会社 レジオネテクニカ）

筆者ポートレイト撮影
阿部 隼人　守谷 美峰

印刷所
サンメッセ株式会社

※価格はカバーに表示してあります
※乱丁本・落丁本はお取り替えします
※許可なく無断転載・無断複写を禁じます

Ⓒ GIFU SHIMBUN 2019
ISBN 978-4-87797-274-5 C0095